Ensino Religioso:
uma perspectiva para a educação infantil e os anos iniciais do ensino fundamental

inter
saberes

Silvana Fortaleza dos Santos

SÉRIE ENSINO RELIGIOSO

Ensino Religioso:
uma perspectiva para a educação infantil e os anos iniciais do ensino fundamental

Rua Clara Vendramin, 58 . Mossunguê
CEP 81200-170 . Curitiba . PR . Brasil
Fone: (41) 2106-4170
www.intersaberes.com
editora@intersaberes.com

Editora-chefe
Lindsay Azambuja

Gerente editorial
Ariadne Nunes Wenger

Assistente editorial
Daniela Viroli Pereira Pinto

Análise de informação
Ísis Casagrande D'Angelis

Revisão de texto
Tiago Krelling Marinaska

Capa
Denis Kaio Tanaami

Projeto gráfico
Bruno Palma e Silva

Diagramação
expression|SCI

Iconografia
Danielle Scholtz

1ª edição, 2012.

Dados Internacionais de Catalogação na Publicação (CIP)
(Câmara Brasileira do Livro, SP, Brasil)

Santos, Silvana Fortaleza dos
Ensino religioso: uma perspectiva para a educação infantil e os anos iniciais do ensino fundamental/Silvana Fortaleza dos Santos. – 1. ed. – Curitiba: Editora InterSaberes, 2012. – (Série Ensino Religioso).

Bibliografia.
ISBN 978-85-8212-341-6

1. Educação infantil 2. Ensino fundamental 3. Ensino religioso 4. Ensino religioso – Formação para professores 5. Religião – Estudo e ensino I. Título II. Série.

12-09142 CDD-371.07

Índice para catálogo sistemático:
1. Ensino religioso: Educação 371.07

Foi feito o depósito legal.

Sumário

Para Felipe, que fez florescer em
mim a semente da esperança.

Apresentação

A elaboração deste livro foi motivada a partir de uma pesquisa realizada com 141 professores da educação infantil e dos anos iniciais do ensino fundamental, os quais ministravam aulas de Ensino Religioso em escolas confessionais católicas vinculadas à Associação de Educação Católica, no município de Curitiba. A pesquisa, que foi orientada pelo Prof. Dr. Sérgio Junqueira, objetivava identificar o perfil do professor de Ensino Religioso das séries aqui privilegiadas. Um dado relevante que surgiu nessa pesquisa foi que a maioria dos professores relacionou as dificuldades em ministrar os conteúdos próprios da área de Ensino Religioso à lacuna existente em sua formação inicial. Dos professores entrevistados, 80,14% eram oriundos do curso de licenciatura em Pedagogia, que não ofereceu a base teórica necessária para o trabalho com o Ensino Religioso em sala de aula. A presente obra apresenta alguns temas relevantes que visam a colaborar para a ampliação da discussão acerca do fazer pedagógico do professor de Ensino Religioso da educação infantil e dos anos iniciais do ensino fundamental.

Nessa perspectiva, o presente livro está assim organizado: a primeira parte aborda a educação infantil e os anos iniciais do ensino fundamental. São citadas as contribuições de alguns precursores da Educação Infantil entre o século XVII e XX, as Leis de Diretrizes e Bases da Educação Nacional e os objetivos das séries analisadas dentro da presente obra. Na sequência, as características do desenvolvimento psicossocial e religioso da criança são abordados de acordo com o estudo desenvolvido por Erik Erikson e James Fowler. A terceira parte deste estudo contempla os pressupostos do Ensino Religioso, ao passo que a quarta parte faz alusão ao Ensino Religioso na educação infantil. Posteriormente, a quinta parte trata do Ensino Religioso no ensino fundamental. Na sexta e última parte, aborda-se a formação do professor de Ensino Religioso.

É importante esclarecer que o leitor encontrará, ao longo deste livro, trechos da dissertação de mestrado da autora, que também abordou os temas aqui discutidos no Programa de Pós-Graduação em Educação da Pontifícia Universidade Católica do Paraná – PUCPR.

Introdução

A ausência significativa de princípios societários mínimos de convivência pacífica e harmônica tem sido objeto de discussão no interior das escolas, na busca de uma formação não só acadêmica, mas de efetiva formação humana de seus educandos. Na verdade, a sociedade espera que a escola, em seu interior, exercite o diálogo, que desvele a gênese da violência, que desperte em seus alunos uma predisposição à tolerância, à bondade e à solidariedade, como condição de desenvolvimento para uma sociedade mais pacífica e solidária.

Bauman[4], em seu estudo sobre o mal-estar da humanidade, refere-se ao sonho da pureza, à necessidade dos homens da pós-modernidade em "limpar" o lixo humano produzido pela sociedade. O autor descreve que, desde a tenra idade, o ser humano sonha em estabelecer em seu espaço de convivência apenas as coisas e os sujeitos que lhe fazem bem.

Assim posta a questão, é importante percebermos também que, em muitos casos, as religiões diferentes da professada pelo sujeito lhe parecem estranhas e, portanto, de menor valor e passíveis de serem desrespeitadas. Esse desrespeito à fé de cada um, historicamente, tem-se constituído em motivação para os fundamentalismos que já causaram tanta violência contra a humanidade.

O homem é um ser de relações e estas acontecem em vários espaços e tempos, fazendo parte da história de cada sujeito estar em constante transformação e construção, formar e ser formado. Quando nos tornamos conscientes desses atributos do ser humano, podemos dizer que há uma disponibilidade básica, comum a todas as religiões, de uma atitude de busca ao Transcendente.

Sabemos que a produção do conhecimento se dá de forma cumulativa, contínua e progressiva, constituindo uma característica ontológica da humanidade. E a transmissão desse conhecimento de uma geração a outra, de uma cultura para outra, de um grupo social para o outro, deu-se ao longo da história, sob diferentes formas, sistematizações, estratégias, recursos e teorias.

Diante das demandas que esse processo de transmissão de conhecimento apresenta, a escola, como instituição cujo papel social inscreve-se justamente em proceder à sistematização e à transmissão desses saberes, depara-se com um desafio: promover junto aos alunos um processo de construção de conhecimento que se revista de significado.

Isso significa dizer que todos os saberes produzidos pelo ser humano são relevantes para o conjunto da sociedade, mas que cada saber deve ser igualmente significativo para aqueles que o aprendem. Ao realizar a aprendizagem de um novo saber, a escola precisa ter o compromisso de torná-lo útil àquele que o incorpora à sua história de vida.

O conhecimento das diferenças, sob um critério científico próprio da instrumentalidade da disciplina de Ensino Religioso, propicia ao aluno um rol de alternativas positivas para que ele possa agir diante de situações em que seus interlocutores apresentem traços culturais, religiosos, de personalidade e de reação diferentes dos seus.

A ênfase no conhecimento da pluralidade, a capacidade de tecermos comparações, de perscrutarmos as semelhanças, de encontrarmos nas diferentes religiões os mesmos fins próprios da fé e da religiosidade possibilita ao aluno a convivência harmônica com seus semelhantes. A percepção das suas possibilidades pela fé, pelo conhecimento de suas diferentes formas de expressão por meio das diferentes religiões, bem como pelos princípios religiosos, possibilita ao aluno o "ser no mundo" pela consciência de sua alteridade, sem, no entanto, estabelecer como critério de convivência a subjugação dos outros às suas verdades. Dessa forma, o "ser no mundo" se dá pela presença do outro em sua alteridade. A convivência com a pluralidade se dá, portanto, em presença do outro, com o outro.

Um

Educação infantil e anos iniciais do ensino fundamental

De acordo com a Constituição do Brasil de 1988*, a educação é compreendida como um direito de todos e dever do Estado e da família em colaboração com a sociedade, tendo em vista o desenvolvimento pessoal, o exercício da cidadania e a qualificação para o trabalho. A educação nacional está organizada nas modalidades **básica** e **superior**, sendo que a educação básica compreende a educação infantil, o ensino fundamental e o ensino médio. A opção por abordarmos neste estudo a educação básica levou a considerar, neste capítulo, as contribuições de alguns precursores da educação infantil entre os séculos XVII e XX para esse estágio do ensino, bem como as Leis de Diretrizes e Bases da Educação Nacional e os objetivos das séries focadas nesta análise.

1.1 Breve histórico

Numa retrospectiva histórica, podemos citar alguns precursores da educação infantil responsáveis por mudanças ocorridas na educação a partir do século XVII. A seguir, destacam-se alguns desses entusiastas do ensino, ainda que oriundos de áreas como Filosofia, Psicologia e Medicina, mas que, pelas suas ideias avançadas e uma nova percepção de *infância*, trouxeram muitas contribuições para a área educacional.

* Para ler na íntegra o texto da Constituição da República Federativa do Brasil de 1988, acesse: <http://www.planalto.gov.br/ccivil_03/constituicao/constitui%C3%A7ao.htm>.

No período que compreende a Idade Moderna, de acordo com Piletti e Piletti[35], predominou o regime absolutista de governo e, por isso mesmo, a educação, principalmente nos Estados católicos, era privilégio dos nobres e dos clérigos. Dois educadores destacaram-se nesse período, a saber: **Comenius** e **Rousseau**.

Reconhecido como um dos maiores educadores do século XVII, João Amós Comenius nasceu na Morávia — região do antigo reino da Boêmia, na atual República Checa —, em 1592, e faleceu na Holanda, em 1670. Como relata Cordeiro[15], Comenius estudou Teologia numa faculdade calvinista holandesa, onde se tornou professor e pastor religioso. Autor do livro *Didática magna*, detentor de ideias que merecem destaque, defendia a concepção de ensinar tudo a todos por meio da adoção de um método único e universal. Na visão de Comenius, a aprendizagem deveria partir do universo da criança.

Em 1712, nasce em Genebra o filósofo Jean-Jacques Rousseau. Segundo Rousseau, a criança deveria aprender por meio da observação e de atividades práticas. Suas ideias, como citam Piletti e Piletti[35], contribuíram para se entender que a educação poderia ser encaminhada como:

> *a) educação natural, resultante da ação dos instintos e não de imposições externas; b) educação como processo: não se deve fazer a criança infeliz hoje em nome de um futuro inerte; c) simplificação do processo educativo: em contato com a natureza, a educação ocorre de maneira simples e feliz; d) importância da criança: a educação passa a ser vista da perspectiva da criança.* (p. 93)

De acordo com Rousseau, a criança é um ser com características próprias em suas ideias e interesses. Logo, não poderia ser vista como um adulto em miniatura.[35]

A passagem da Idade Moderna para a Idade Contemporânea, na segunda metade do século XVIII, é marcada pela separação entre a Igreja e o Estado e pelo desenvolvimento dos sistemas públicos de educação. Educadores influenciados pelo pensamento de Rousseau colaboraram com novas propostas para a educação, como foi o caso de **Pestalozzi** e **Froebel**.[35]

Johann Heinrich Pestalozzi, nascido em Zurique, em 1746, foi um defensor da educação pública e entendia que a função principal do ensino era levar as crianças a desenvolverem suas habilidades naturais e inatas em um ambiente o mais natural possível. Os métodos de ensino eram adaptados ao nível de desenvolvimento dos alunos por meio das atividades de música, arte, geografia e outras. Ainda sobre a concepção de ensino de Pestalozzi, Piletti e Piletti[35] acrescentam dizendo que "a educação consistia no desenvolvimento moral, mental e físico da natureza da criança, permitindo ao povo a superação de sua ignorância, imundície e miséria" (p. 102).

Friederich Froebel nasceu no sudeste da Alemanha, em 1782. Foi o criador do primeiro jardim de infância, em 1837, na Alemanha. Froebel destacou a importância dos brinquedos para a formação das qualidades morais da criança, as atividades físicas para o desenvolvimento do corpo e as histórias de diferentes gêneros para o desenvolvimento da mente. Nesse sentido, defendia a educação infantil como necessária para a formação da criança.[35]

O final do século XIX e o início do século XX são marcados por avanços tecnológicos, ainda que o acesso a essa tecnologia fosse limitado a uma minoria. Um exemplo dessa modernidade foi o uso das energias elétrica, petrolífera e nuclear para diferentes fins. Na área da educação, novas ideias e propostas são acrescidas com o intuito de melhorar a eficiência do processo educativo. Nesse sentido, como explica Cordeiro[15], é dado destaque aos trabalhos de **Montessori**, **Decroly** e **Freinet**.

Maria Montessori nasceu na Itália em 1870 e ficou conhecida por introduzir novas técnicas nos jardins de infância e anos iniciais do ensino formal. Criou uma série de jogos e outros materiais didáticos para o trabalho com crianças, a fim de estimulá-las e desenvolvê-las nos aspectos sensorial, da linguagem, da matemática e das ciências. Montessori entendia que a finalidade da educação era favorecer o progresso infantil de acordo com os aspectos biológicos de cada criança. De acordo com Cordeiro[15], a "principal idéia que sustenta as propostas de Montessori é a de que a criança tem que ser posta em primeiro lugar e considerada nas suas especificidades" (p. 175).

Já Ovide Decroly, nascido na Bélgica, em 1871, ficou conhecido pela criação dos **centros de interesse** na escola, onde as crianças teriam maior liberdade para o seu desenvolvimento. O autor defendia um ensino voltado para o intelecto e, nessa perspectiva, dentre outras funções da escola estaria o conhecimento do meio natural e humano em que a criança está inserida. Nesse sentido, para Decroly, citado por Cordeiro[15], "a criança apreende o mundo com base num tipo de atenção que se dirige, primeiramente, para o conjunto das coisas ou fenômenos, e não para os detalhes, tendo o seu método recebido o nome de método global ou da globalização" (p. 7).

Ainda no século XIX, nasce na França, em 1896, Célestin Freinet, que se destacou como educador no século XX. Como afirma Cordeiro, Freinet entendia que a escola deveria ser ativa, dinâmica e historicamente inserida em um contexto social e cultural. O "aprender fazendo" era um dos pontos principais da didática de Freinet. Atividades como o texto livre, o jornal escolar, a correspondência interescolar etc.

contribuíam para o aprendizado da linguagem, da matemática, das ciências naturais e sociais. Cordeiro[15] acrescenta dizendo que

> *Freinet não elaborou um método completo e estruturado, mas sim, um conjunto de técnicas destinadas a facilitar o trabalho dos professores e a permitir o desenvolvimento da capacidade de expressão e o pensamento das crianças, bem como o seu espírito comunitário e de solidariedade.* (p. 180)

Sabemos que o reconhecimento, no meio acadêmico, das ideias dos autores anteriormente citados contribuiu com sucesso para a compreensão das relações entre a criança e a sua formação no espaço escolar entre os séculos XVII e XX.

1.2 Contexto educacional brasileiro

No Brasil, as primeiras iniciativas para o atendimento às crianças das classes desfavorecidas foram de higienistas. De acordo com Kramer[26], tem-se registro de que, até final do século XIX, o atendimento a crianças de zero a seis anos era de caráter médico e sanitário, tendo em vista o alto índice de mortalidade infantil. O atendimento a crianças em creches e jardins de infância data do início do século XX, porém observa-se que foram iniciativas isoladas e, por isso, não correspondiam às necessidades da população existente na época.

Avançando no tempo, é importante salientar que a primeira Lei de Diretrizes e Bases da Educação Nacional (LDBEN), a Lei nº 4.024*,

* Para ler na íntegra a Lei de Diretrizes e Bases da Educação Nacional, Lei nº 4.024, de 20 de dezembro de 1961, acesse: <http://www.planalto.gov.br/ccivil_03/LEIS/L4024.htm>.

de 1961, dedicava dois artigos à educação pré-primária. Lê-se no art. 23 que "a educação pré-primária destina-se aos menores até sete anos e será ministrada em escolas maternais ou jardins de infância". E o art. 24 determina que "as empresas que tenham a seu serviço mães de menores de sete anos serão estimuladas a organizar e manter, por iniciativa própria ou em cooperação com os poderes públicos, instituições de educação pré-primária".

podemos notar que a referida lei já abre um espaço para a educação pré-primária, possibilitando a retomada das discussões acerca das funções das creches e pré-escolas no contexto educacional brasileiro da época. Porém, a crítica que se faz à Lei nº 4.024/1961 é a de que esta não explicita as formas de viabilizar o atendimento das crianças dessa faixa etária.

Foi criada, na sequência, a Lei nº 5.692*, de 1971, que não acresceu em muito as tomadas de decisão acerca da educação pré-escolar. Em seu art. 19, parágrafo 2º, a Lei diz que "Os sistemas de ensino velarão para que as crianças de idade inferior a sete anos recebam conveniente educação em escolas maternais, jardins de infância e instituições equivalentes". Mais adiante, no art. 61, lê-se: "Os sistemas de ensino estimularão as empresas que tenham em seus serviços mães de menores de sete anos a organizar e manter, diretamente ou em cooperação, inclusive com o Poder Público, educação que preceda o ensino de 1º grau". Tal abordagem é considerada, por muitos autores, um retrocesso na educação pré-escolar.[26]

* Para ler na íntegra a Lei de Diretrizes e Bases da Educação Nacional nº 5.692, de 11 de agosto de 1971, acesse: <http://www.planalto.gov.br/ccivil_03/leis/L5692.htm>.

O Estado não conseguiu atender à demanda existente e crescente de crianças nessa faixa etária, o que favoreceu a criação e o crescimento de instituições como creches e pré-escolas no setor privado. A educação infantil passou a ser considerada preparatória para o ingresso da criança no ensino fundamental e garantia de sucesso na aprendizagem nas séries subsequentes.

Kramer[26] esclarece que a

> *Ausência de Legislação, no entanto, não significa ausência de política. Ao contrário, ela caracteriza a política educacional voltada para o pré-escolar como estagnada e omissa, plena de discursos com recomendações, sugestões e interpretações, e vazia de medidas concretas de amplo alcance. Nesse contexto, onde escasseiam os recursos e o apoio público, alternativas de diversos grupos espalhados por todo o País não podem ser ignoradas, como não pode se ignorar a grande massa excluída de seu atendimento por falta não só de legislação, mas também, e principalmente, de medidas práticas que a efetivem.* (p. 93-94)

Na década de 1970, é preciso ser dito, muitas escolas de educação infantil no Brasil foram influenciadas pelas ideias de **Jean Piaget**. Entre elas, cita Kramer, está o Programa de Educação Pré-Escolar de Campinas (Proepre) e o Centro Educacional e Experimental Jean Piaget, no Rio de Janeiro. De acordo com Balestra[3], as pesquisas desenvolvidas por Piaget "permitiram que a prática pedagógica se adequasse melhor às condições biopsíquicas e sociais do aluno" (p. 20).

A última LDBEN, a Lei nº 9.394*, de 1996, em seu art. 11, determina que a educação infantil (creche e pré-escola) é uma atribuição do município. Entre outras atribuições, os municípios são incumbidos de autorizar, credenciar e supervisionar os estabelecimentos de seu sistema de ensino. Importa dizer que a Resolução CNE/CEB nº 3†, de 2005, em seu art. 2º, estabelece que a faixa etária para a educação infantil é de até 5 anos de idade.

A esse respeito, Kramer[26] comenta que

> *O direito à educação pré-escolar brasileira está longe de ser efetivado para a maioria das crianças de zero a seis anos. Entretanto, a educação pré-escolar compensatória está sendo vista como a estratégia que irá solucionar os problemas da escola de 1º grau e da própria sociedade brasileira.* (p. 107)

É essencial salientarmos que as instituições de educação infantil devem desenvolver uma proposta pedagógica voltada para aprendizagens diversificadas, realizadas em situações de interação, que ocorrem nas brincadeiras e nas situações pedagógicas intencionais, em clima de autonomia e cooperação. Essas aprendizagens, de naturezas diversas, necessitam ocorrer de maneira integrada no processo de desenvolvimento da criança.

Nessa perspectiva, a avaliação na educação infantil não deve assumir um caráter de terminalidade. A própria LDBEN nº 9.394/1996

* Para ler na íntegra a Lei de Diretrizes e Bases da Educação Nacional – nº 9.394, de 20 de dezembro de 1996, acesse: <http://www.planalto.gov.br/ccivil_03/LEIS/l9394.htm>.

† Para ler, na íntegra, a Resolução CNE/CEB nº 3, de 3 de agosto de 2005, acesse: <http://portal.mec.gov.br/cne/arquivos/pdf/rceb003_05.pdf>.

estabelece, na seção II, art. 31, que "a avaliação far-se-á mediante acompanhamento e registro do seu desenvolvimento, sem o objetivo de promoção, mesmo para o acesso ao ensino fundamental". Nesse sentido, a avaliação nessa fase do ensino visa respeitar as características do desenvolvimento infantil.

Na educação básica, a etapa seguinte à educação infantil, obrigatória a partir dos seis anos de idade, é o ensino fundamental. É importante frizarmos que, nos últimos anos, o Brasil tem passado por um período de transição do ensino fundamental de **oito anos** para o ensino fundamental de **nove anos**. Isso porque, em 6 de fevereiro de 2006, foi aprovada a Lei nº 11.274*, que altera a redação dos arts. 29, 30, 32 e 87 da Lei nº 9.394/1996 e estabelece o ensino fundamental de nove anos, com a inclusão de crianças de seis anos de idade. Essa modalidade de ensino tem por objetivo assegurar às crianças maior tempo de convívio escolar e maiores oportunidades de aprendizado. A Lei nº 11.274/2006, no seu art. 5.º, determina que "Os Municípios, os Estados e o Distrito Federal terão prazo até 2010 para implementar a obrigatoriedade para o ensino fundamental". Todavia, muitas escolas já estão em processo de adaptação às novas exigências pedagógicas e estruturais para o cumprimento da nova legislação.

De acordo com o art. 32 da LDBEN, modificado pela Lei nº 11.274/2006, o ensino fundamental visa à formação básica do cidadão mediante:

> *I – o desenvolvimento da capacidade de aprender, tendo como meios básicos o pleno desenvolvimento da leitura, da escrita e do cálculo;*

* Para ler na íntegra a Lei nº 11.274, de 6 de fevereiro de 2006, acesse: <http://www.planalto.gov.br/ccivil_03/_Ato2004-2006/2006/Lei/L11274.htm>.

II – a compreensão do ambiente natural e social, do sistema político, da tecnologia, das artes e dos valores em que se fundamenta a sociedade;
III – o desenvolvimento da capacidade de aprendizagem, tendo em vista a aquisição de conhecimentos e habilidades e a formação de atitudes e valores;
IV – o fortalecimento dos vínculos de família, dos laços de solidariedade humana e de tolerância recíproca em que se assenta a vida social.

Nessa perspectiva, a escola, como instituição cujo papel social inscreve-se justamente em proceder à sistematização e à transmissão desses saberes, depara-se com o desafio de promover um processo de construção de conhecimento que seja revestido de significado. Isso significa dizer que todos os saberes produzidos pela humanidade são relevantes para o conjunto da sociedade, mas cada saber deve ser igualmente significativo para aqueles que o apreendem. Ao realizar a aprendizagem de um novo conteúdo, de um novo saber, a escola precisa ter o compromisso de torná-lo útil àquele que o incorpora à sua história de vida.

Síntese

O SÉCULO XVII FOI O cenário no qual algumas das maiores autoridades de educação conhecidas da história desempenharam papéis de inestimável valor. Dentre eles, podemos elencar os nomes de Rousseau, Comenius, Pestalozzi, Montessori, Froebel, Decroly e Freinet. Todos focados no universo do aprendizado das crianças, esses pensadores propuseram-se a encontrar maneiras de educá-las da forma mais eficaz e prazerosa possível.

No que diz respeito à evolução da educação infantil e do ensino fundamental no Brasil, muitas foram as leis criadas no intento de melhorar as estruturas do sistema educacional referentes a essas modalidades de ensino, dentre as quais podemos mencionar a primeira LDBEN, a Lei nº 4.024, de 1961, com dois artigos dedicados à educação primária, e a Lei nº 5.692, de 1971, que não acresceu muito o conteúdo da lei anterior. É com a Lei nº 9394, de 1996, que podemos perceber uma tentativa mais eficiente de estender o direito à educação pré-escolar no Brasil – em seu art. 11, essa lei determina que a educação infantil é atribuição municipal. Entre outras atribuições, os municípios são incumbidos de autorizar, credenciar e supervisionar os estabelecimentos de seu sistema de ensino. A etapa seguinte à educação infantil é o ensino fundamental, de caráter obrigatório, tendo em vista a formação básica do cidadão. Em complementação à Lei nº 9.394/1996, a Lei nº 11.274 estende a educação básica de oito para nove anos, além de instituir novas exigências em relação às prioridades educativas do ensino fundamental.

A escola, como instituição que tem por diretriz sistematizar e transmitir os saberes privilegiados nessas leis, tem um grande desafio pela frente, pois é sua competência articular tais saberes com a vida e o dia-a-dia dos alunos.

Atividades de Autoavaliação

1 Marque a alternativa correta.

A educação nacional está organizada nas modalidades básica e superior. A educação básica compreende:

A) a pré-escola, o ensino fundamental e o ensino médio.
B) a creche, a educação infantil e o ensino fundamental.
C) a educação infantil, o ensino fundamental e o ensino médio.
D) a educação infantil e o ensino fundamental.

2 Marque a alternativa correta.

A Lei nº 11.274, que altera a redação dos arts. 29, 30, 32 e 87 da Lei nº 9.394/1996 e estabelece o ensino fundamental de nove anos, determina que a faixa etária para a educação infantil e para os anos iniciais do ensino fundamental é de:

A) Educação infantil até seis anos de idade e anos iniciais do ensino fundamental de sete a dez anos de idade.
B) Educação infantil até cinco anos de idade e anos iniciais do ensino fundamental de sete a dez anos de idade.
C) Educação infantil até cinco anos de idade e anos iniciais do ensino fundamental de seis a dez anos de idade.
D) Educação infantil até seis anos de idade e anos iniciais do ensino fundamental de sete a onze anos de idade.

3 As seguintes proposições apresentam duas alternativas corretas. Quais são elas?

I. A Lei nº 9.394/1996 traz, em seu art. 62, a determinação de formação em nível superior para docentes que atuam na educação infantil e anos iniciais do ensino fundamental.

II. A educação infantil é atribuição do município e compete a ele autorizar, credenciar e supervisionar os estabelecimentos de seu sistema de ensino.

III. A Lei nº 5.692/1971, em seu art. 19, parágrafo 2º, diz que "Os sistemas de ensino velarão para que as crianças de idade inferior a seis anos recebam conveniente educação em escolas maternais, jardins de infância e instituições equivalentes".

IV. Lei nº 9.394/1996 não entende a educação infantil como primeira etapa do ensino básico.

A) As alternativas I e II estão corretas.

B) As alternativas I e III estão corretas.

C) As alternativas II e III estão corretas.

D) As alternativas II e IV estão corretas.

4 Analise as proposições e, depois, marque as alternativas corretas. Alguns precursores da educação infantil foram responsáveis por mudanças ocorridas na educação a partir do século XVII. A seguir, identifique-os pelas suas ideias, que foram consideradas revolucionárias para a época:

I. Ovide Decroly foi o criador do primeiro jardim de infância (1837).

II. O "aprender fazendo" era um dos pontos principais da didática de Célestin Freinet. Atividades como o texto livre, o jornal escolar, a correspondência interescolar etc. contribuíam para o aprendizado da linguagem, da matemática, das ciências naturais e sociais.

III. Friederich Froebel ficou conhecido pela criação dos centros de interesse na escola.

IV. Maria Montessori criou uma série de jogos e outros materiais didáticos para o trabalho com crianças, a fim de estimulá-las e desenvolvê-las no aspecto sensorial, da linguagem, da matemática e das ciências.

A) As alternativas I e II estão corretas.

B) As alternativas II e IV estão corretas.

C) As alternativas II e III estão corretas.

D) As alternativas III e IV estão corretas.

5 Leia o trecho a seguir e, depois, assinale com F para falso e V para verdadeiro as seguintes alternativas:

O ensino fundamental terá por objetivo a formação básica do cidadão mediante:

( ) o desenvolvimento da capacidade de aprender, tendo como meios básicos o pleno domínio da leitura, da escrita e do cálculo.

( ) a compreensão dos fundamentos científico-tecnológicos dos processos produtivos.

( ) o desenvolvimento da capacidade de aprendizagem, tendo em vista a aquisição dos conhecimentos e habilidades.

( ) a consolidação e o aprofundamento dos conhecimentos adquiridos.

Agora, marque a alternativa que apresenta a sequência correta:

A) V, V, F, F

B) V, F, V, F

C) V, F, F, V

D) F, F, F, F

Atividades de Aprendizagem

Questões para Reflexão

1 Escolha um dos autores precursores da educação infantil, responsáveis por mudanças ocorridas na educação a partir do século XVII, citados neste capítulo e busque mais informações sobre ele por meio de consulta a obras referentes ao pensador ou até mesmo *sites* que tratem desse assunto. Reflita: pensando na educação infantil nos dias de hoje, qual seria a contribuição do autor escolhido?

2 Elabore um texto que explicite sua reflexão sobre a importância da avaliação na educação infantil.

Atividade Aplicada: Prática

1 Foi aprovada, em 6 de fevereiro de 2006, a Lei nº 11.274, que altera a redação dos arts. 29, 30, 32 e 87 da Lei nº 9.394/1996 e estabelece o ensino fundamental de nove anos, com a inclusão de crianças de seis anos de idade. Entreviste três professores dos anos iniciais do ensino fundamental para saber o que eles pensam sobre a Lei nº 11.274/2006 e sobre as consequências desta para a educação no Brasil.

Dois

Características do desenvolvimento psicossocial e religioso da criança

As mudanças que ocorrem no ser humano são, em alguns aspectos, perceptíveis e, em outros, nem tanto, pois ocorrem lentamente e de forma contínua. Observando um álbum de fotografias de uma criança desde o seu nascimento, é possível percebermos as diferenças que ocorreram nas diversas idades, como a estatura, a aparência etc.

Todavia, muitas outras mudanças aconteceram nesse período, tais como mudanças quanto à maneira de pensar, de agir, de se relacionar com outras pessoas etc. Sabemos que as mudanças ocorridas na aparência resultam principalmente da maturação física do organismo; por outro lado, as mudanças no comportamento resultam em sua maior parte da aquisição de novas aprendizagens.

Muitas vezes, no dia-a-dia do professor, essas mudanças que estão ocorrendo com os seus alunos passam despercebidas. Neste capítulo, buscaremos compreender como as crianças crescem e se desenvolvem, além de mostrar como essa compreensão é importante para o trabalho escolar. Inicialmente, serão apresentadas noções gerais sobre o desenvolvimento e as características mais importantes de cada uma das fases. Destacam-se a teoria do desenvolvimento psicossocial, de **Erik Erikson** (citado, aqui, por Rosa[39]), e a teoria do desenvolvimento religioso, de **James Fowler**[21].

2.1

Aspectos relevantes do desenvolvimento da criança na fase escolar

Desde o seu nascimento, tudo o que está ao redor da criança representa para ela uma oportunidade de novas aprendizagens, seja brincando com as outras crianças, seja interagindo com o seu meio. Daí a importância de conhecê-la em suas diferentes etapas de desenvolvimento, para melhor compreensão da sua relação com o aprendizado.

Sabemos que cada criança tem seu ritmo próprio de desenvolvimento. Em alguns casos, essas variações podem ser até grandes, sem ter o sentido de anormalidade ou fatores preocupantes. Todavia, a maioria das crianças desenvolve certas habilidades em idades muito aproximadas.

Para melhor ilustrar o que foi dito sobre o desenvolvimento humano, transcrevemos de modo parcial um quadro elaborado por Antunes[2], em que ele revela as diferentes inteligências humanas e as idades médias em que aparecem certas habilidades. Para este estudo, destacou-se a faixa etária a partir dos 3 anos até a idade aproximada de 10 anos, a qual corresponde ao período da educação infantil e dos anos iniciais do ensino fundamental. Vejamos o quadro a seguir:

Quadro 1 – Inteligências humanas

Inteligência	Abertura	Progressos
Linguística	3 a 4 anos	Já domina uma "gramática própria".
	4 a 5 anos	Se estimulada em conversas e leituras, pode dominar até 10 mil palavras.
Musical	3 anos	Apta a relacionar notas e sons. Percebe a diferença entre timbres de instrumentos de percussão, de sopro e de cordas.

(continua)

Musical	4 a 5 anos	Percebe sons diferentes na natureza. Mostra interesse por uma flauta doce, por exemplo.
Lógico-matemática	3 anos	Desenvolve ações interiorizadas ou operações mentais. Torna-se capaz de usar símbolos.
	4 a 7 anos	Passa de operações motoras para operações concretas. Cinestésico-corporal
	3 anos	Já segura o lápis. Conserva-se atenta a desenhos e adora inventar histórias.
	5 anos	Inicia-se a importante fase cinestésica da coordenação motora fina, quando o aprendizado é essencial.
	12 anos	O cérebro aprende com menor velocidade.
Naturalista	1 ano e meio a 3 anos	Já percebe diferentes animais.
	4 a 5 anos	Já descobriu a paisagem e também se encanta com o que achamos bonito.
Espacial	3 anos	Começa a descobrir o espaço e a capacidade de perceber a forma de um objeto.
	4 anos	Descobre os monstros e adora os super-heróis. Desenvolve o sentido da lateralidade e direcionalidade.
	5 a 6 anos	Percebe a anterioridade e a posterioridade.
	10 anos	Descobre a perspectiva. Descobre as direções cardeais.
Pictórica	3 anos	Percebe diferenças nas histórias em quadrinhos.
	4 anos	Pode associar a fala de um personagem às suas expressões.
	5 a 6 anos	Desenha com desenvoltura e pode descobrir o significado das cores primárias.

(Quadro 1 – continua)

(Quadro 1 – conclusão)

Intrapessoal	3 anos	Já compreende a existência de outras pessoas fora do universo paterno e materno.
	4 anos	Percebe seu corpo e associa ocorrências físicas a seu funcionamento.
	5 a 6 anos	Ao relacionar-se com os amigos e a turminha, desenvolve perspectivas para melhor se autodescobrir.
Interpessoal	3 anos	Descobre a existência do outro.
	4 a 6 anos	É a idade dos grupos, da turminha, dos clãs, geralmente entre companheiros do mesmo sexo. Já percebe que as pessoas podem interpretar determinada situação de forma diferente da sua.
	7 a 8 anos	Entra na fase da descoberta dos amigos imprescindíveis, com quem compartilha seus planos e segredos.
	9 a 12 anos	As relações interpessoais crescem em importância. Já percebe que possui seu ponto de vista e que as outras pessoas sabem que ela tem esse ponto de vista.

FONTE: Adaptado de ANTUNES, 2000, p. 27-32.

Do ponto de vista do Ensino Religioso, a dimensão do pensamento e da linguagem são fundamentais para a formação de pessoas abertas ao diálogo, ao respeito e à convivência com o diferente na construção da dimensão religiosa. De acordo com Oliveira et al.[30],

> *A linguagem é uma construção do ser humano, mas só é possível na interação social, pois envolve a experiência afetiva de abrir-se ao sentido do outro. Depende de fatores endógenos (desenvolvimento do pensamento) e exógenos (interferência significativa e estimulante do meio ambiente).* (p. 118)

Outro aspecto também importante diz respeito à dimensão da sensibilidade e da sociabilidade, na medida em que estas são imprescindíveis para que todo o processo de desenvolvimento da socialização se realize de tal maneira que o aprender a ser, a conhecer, a fazer e a viver com os outros se viabilize.

Erik Erikson e James Fowler, dois estudiosos do desenvolvimento humano, contribuíram com suas teorias para a melhor compreensão dos desenvolvimentos psicossocial e religioso do ser humano, respectivamente. Na presente obra, tem-se a intenção de estabelecer uma relação entre essas duas teorias, abordando as principais características dos estágios do desenvolvimento psicossocial e do desenvolvimento religioso correspondente até a fase escolar dos anos iniciais do ensino fundamental.

Rosa[39] conta que Erik Erikson, em sua teoria, visualizou o ser humano da infância à velhice. Segundo Erikson, a pessoa encara, em cada estágio da vida, situações de enfrentamento que devem ser superadas. Pessoas adultas que demonstram ser seguras, competentes, dinâmicas, de iniciativa, com autoestima elevada, são pessoas que, na infância, foram muito amadas e superaram as crises apresentadas em cada estágio do desenvolvimento.

O período do nascimento até um ano e seis meses de idade, aproximadamente, corresponde ao estágio da *confiança* x *desconfiança*. A confiança desenvolvida na criança está vinculada à sua relação com o novo mundo, após seu nascimento, por meio do contato com outras pessoas. De acordo com o autor, a criança não se fixa somente na oralidade, mas também na aquisição de novas experiências a partir dos tipos de relacionamentos estabelecidos. Quando a criança encontra um ambiente propício ao seu desenvolvimento, ela sairá desse estágio com esperança, que é um aspecto indispensável para um desenvolvimento saudável. Por outro lado, se a criança encontra um mundo não receptivo ao seu desenvolvimento, ela poderá levar para o segundo estágio a desesperança.

Como afirma Rosa[39], Erikson nomeou o segundo estágio do desenvolvimento de *autonomia* x *vergonha e dúvida*, o qual corresponde à idade de dezoito meses a três anos, aproximadamente. A autonomia manifesta-se quando a criança começa a se desvincular de certas dependências anteriores e a demonstrar novas habilidades motoras e cognitivas, como, por exemplo: subir escadas sem alternar os pés, pular de degraus e objetos baixos, caminhar sem olhar para os pés, atender a solicitações simples. Nessa fase, é importante que a criança seja desafiada a enfrentar os desafios próprios da idade, evitando construir uma imagem negativa de sua capacidade.

O estágio seguinte, apresentado por Erikson, refere-se à *iniciativa* x *culpa*, que correspondente à idade dos quatro aos cinco anos. Nessa fase, a criança manifesta o Complexo de Electra (no caso das meninas) ou o de Édipo (no caso dos meninos), por desejar, de forma inconsciente, interferir na relação dos pais e ocupar o lugar da mãe ou do pai, respectivamente. Para um desenvolvimento equilibrado da criança nessa fase, é importante que ela encontre um ambiente que a incentive a desenvolver a iniciativa, ainda que dependa da autonomia conquistada na fase anterior.

O quarto estágio apresentado por Erikson refere-se à idade dos seis aos doze anos, intitulado como fase *indústria* x *inferioridade*. O destaque é a escola, local em que a criança passa boa parte da sua infância e desenvolve muitas habilidades como, por exemplo, o domínio da leitura e da escrita, o raciocínio lógico-matemático, o manuseio de um instrumento musical, a prática de um esporte etc. A dificuldade apresentada pela criança no desenvolvimento de uma determinada área poderá gerar um sentimento de inferioridade, cabendo ao professor e à família auxiliá-la nessa superação.

James Fowler[21], estudioso do desenvolvimento religioso e da relação deste com o desenvolvimento humano, classificou em estágios as diferentes características apresentadas. Cada estágio representa as formas de fé que o indivíduo desenvolve ao longo de sua existência, a saber: *indiferenciada, intuitivo-projetiva, mítico-literal, sintético-convencional, individuativo-reflexiva, conjuntiva* e *universalizante.* A seguir, destacamos as fases que correspondem à etapa da infância.

A fase denominada de *fé indiferenciada* corresponde até à idade aproximada de dois anos. Como já foi dito, a criança nesse período necessita da mãe, ou de quem a substitua para que suas necessidades básicas sejam satisfeitas. Esse período, denominado como um *pré-estágio,* é considerado essencial por Fowler para que a criança adquira confiança e se desenvolva de forma saudável. De acordo com Junqueira[23], essa fase é a "que dá base à criança, para que possa formar uma concepção de Deus-amor em que pode confiar" (p. 95).

Fowler[21] denominou o estágio seguinte como sendo a *fase da fé intuitivo-projetiva,* pois a criança de dois a seis anos de idade tende a ser fantasiosa e imitativa, confundindo muitas vezes fato com fantasia. Pode ser influenciada por exemplos, temperamentos, ações e histórias da fé dos adultos com os quais ela mantém relacionamentos primários. Junqueira[23] diz que, para a criança que está nessa fase, "Deus é imaginário, de forma antropomórfica e mágica" (p. 95).

O estágio que corresponde ao período de sete a doze anos, Fowler[21] identificou como *fase da fé mítico-literal*. Ocorre a passagem de uma moral heterônoma para a autonomia. Nesse período, os mitos e enredos das histórias são assimilados rigorosamente. Por essa razão, Junqueira[23] sugere certo cuidado com a narrativa de parábolas, posto que a criança ainda não compreende a linguagem figurada. É interessante perceber que, embora ela se encontre num processo de estabelecer diferenças entre os conceitos de natural e sobrenatural, a imagem que ela faz de Deus ainda é antropomórfica.

De acordo com Andrade[1], até esse estágio, a criança "deve ser educada em sua religiosidade espontânea. A inclusão de elementos nocionais exige, pelo menos, o estágio sintético-convencional, no qual a pessoa já pode aceitar as convenções estabelecidas por uma instituição religiosa" (p. 100).

Nesse sentido, fica claro que não basta ao professor selecionar os conteúdos e as estratégias metodológicas e avaliativas sem conhecer o processo de desenvolvimento do aluno em cada nível de ensino, condição essencial para o entendimento da evolução do pensamento religioso.

Síntese

Para melhor compreensão da criança em relação ao seu processo de aprendizado, é necessário conhecê-la em suas diferentes etapas de desenvolvimento. Nesse sentido, fica evidenciada a importância de selecionarmos os conteúdos, as estratégias metodológicas e avaliativas, considerando o processo de desenvolvimento do aluno em cada nível de ensino, condição essencial para o entendimento da evolução do pensamento religioso.

Os estudiosos Erik Erikson e James Fowler deram grandes contribuições ao desenvolvimento psicossocial e religioso do homem. O primeiro analisou os estágios de desenvolvimento cognitivo da criança, enfatizando a importância do amor nesse processo. Já o segundo analisou o desenvolvimento humano atrelado ao desenvolvimento religioso, criando uma classificação dos estágios de aquisição de fé pelos quais o ser humano passa em seu processo de crescimento.

Atividades de autoavaliação

1 Marque a alternativa correta:

No primeiro ciclo do ensino fundamental (1º, 2º e 3º anos), é característica da criança nessa fase:

A) manifestar o Complexo de Electra, no caso das meninas, ou o de Édipo, no caso dos meninos.
B) ser influenciada por exemplos, temperamentos, ações e histórias da fé dos adultos com os quais ela mantém relacionamentos primários.
C) desvincular-se de certas dependências anteriores.
D) a passagem de uma moral heterônoma para a autonomia.

2 Marque a alternativa correta.

Para Erikson (citado por Rosa, 1985), o período do nascimento até um ano e seis meses de idade, aproximadamente, corresponde:

A) ao estágio mítico-literal.

B) ao estágio individuativo-reflexivo.

C) ao estágio da confiança x desconfiança.

D) ao estágio indústria x inferioridade.

3 Antunes (2000) fez um estudo em que revela as diferentes inteligências humanas e respectivas idades em que surgem certas habilidades. A proposição a seguir apresenta duas alternativas corretas. Assinale-as:

I. A criança é essencialmente egocêntrica entre os quatro e seis anos de idade.

II. A opinião do outro é muito importante entre os dez e doze anos.

III. Entre os sete a oito anos, a criança apresenta lento desenvolvimento do sentido de identidade.

IV. Entre os nove e doze anos de idade, a criança compreende a existência de outras pessoas fora do universo paterno e materno.

A) As alternativas I e II estão corretas.

B) As alternativas I e III estão corretas.

C) As alternativas II e III estão corretas.

D) As alternativas II e IV estão corretas.

4 Marque a alternativa correta:

De acordo com Erikson (citado por Rosa, 1985), a fase dos seis aos doze anos de idade é intitulada como fase *indústria* x *inferioridade*. É correto afirmar que nessa fase:

A) as ações nem sempre correspondem aos valores que são trabalhados e ao que os outros acreditam ser o mais adequado.

B) o destaque é a escola.

C) a criança começa a assumir para si as histórias, crenças e observâncias que pertencem à sua comunidade.

D) a principal característica é seu caráter simbólico.

5 Erik Erikson e James Fowler contribuíram com suas teorias para a melhor compreensão do desenvolvimento psicossocial e religioso do ser humano, respectivamente. Assinale com F para falso e V para verdadeiro as seguintes alternativas:

( ) Para Erikson, o período do nascimento até um ano e seis meses de idade corresponde, aproximadamente, ao estágio da confiança *x* desconfiança.

( ) De acordo com Erikson, a idade dos quatro aos cinco anos corresponde à fase mítico-literal.

( ) Fowler identifica o período de oito aos dez anos como *iniciativa* x *culpa*.

( ) Erikson nomeou o segundo estágio de desenvolvimento de *autonomia* x *vergonha e dúvida*.

Agora, assinale a alternativa correspondente:

A) V, V, F, F

B) V, F, V, F

C) V, F, F, V

D) F, F, F, F

ATIVIDADES DE APRENDIZAGEM

QUESTÕES PARA REFLEXÃO

1 Redija um texto destacando o porquê de se conhecer o processo de desenvolvimento do aluno em cada nível de ensino, condição essencial para o entendimento da evolução do pensamento religioso.

2 Após a leitura do capítulo, escolha o parágrafo que considerar mais importante e justifique sua indicação.

ATIVIDADE APLICADA: PRÁTICA

1 Elabore um quadro comparativo que apresente as principais características do desenvolvimento psicossocial e religioso do ser humano, de acordo com as teorias de Erikson e Fowler.

Três

Pressupostos do Ensino Religioso

Analisando historicamente a presença do Ensino Religioso nos currículos escolares brasileiros, podemos perceber que ele assumiu, em cada período da história, vários tipos de proposta em suas legislações, compreendendo desde o período imperial, que seguia uma orientação catequética e católica, até os dias de hoje, com uma orientação aconfessional. O quadro a seguir apresenta um breve resumo, a partir de uma compilação da legislação feita por Davies[18], referente ao Ensino Religioso nos diferentes períodos de sua história no Brasil.

Quadro 2 – O Ensino Religioso e a legislação brasileira

Período Imperial (1824-1891)	"Art. 5º A religião Católica Apostólica Romana continuará a ser a religião do Império. Todas as outras Religiões serão permitidas com seu culto doméstico, ou particular em casas para isso destinadas, sem forma alguma exterior do Templo." (Constituição Política do Império do Brasil de 25 de março de 1824). "Art. 72, §6º Será leigo o ensino ministrado nos estabelecimentos públicos. (Constituição Política do Império do Brasil de 24 de fevereiro de 1891)

(continua)

Era Vargas e República Nova (1930-1967)	"Art. 153. O ensino religioso será de freqüência facultativa e ministrado de acordo com os princípios da confissão religiosa do aluno, manifestada pelos pais ou pelos responsáveis e constituirá matérias dos horários nas escolas públicas primárias, secundárias, profissionais e normais." (Constituição da República dos Estados Unidos do Brasil de 16 de julho de 1934) "Art.133. O ensino religioso poderá ser contemplado como matéria de curso ordinário das escolas primárias, normais e secundárias. Não poderá, porém, constituir objeto de obrigação dos mestres ou professores, nem de frequência compulsória por parte dos alunos." (Constituição da República dos Estados Unidos do Brasil de 10 de novembro de 1937) "Art.168. V – O ensino religioso constitui disciplina dos horários das escolas oficiais, é de matrícula facultativa e será ministrado de acordo com a confissão religiosa do aluno, manifestada por ele, se for capaz, ou pelo seu representante legal ou responsável." (Constituição da República dos Estados Unidos do Brasil de 18 de setembro de 1946) "Art. 97. O ensino religioso [...] é de matrícula facultativa e será ministrado sem ônus para os poderes públicos, de acordo com a confissão religiosa do aluno." (Lei de Diretrizes e Bases da Educação Nacional nº 4.024/1961)

(Quadro 2 – continua)

(Quadro 2 – conclusão)

Período Militar e da Redemocratização (1967-1996/97)	"Art. 176, §3°, IV – O ensino religioso, de matrícula facultativa, constituirá disciplina dos horários normais das escolas oficiais de grau primário e médio." (Constituição da República Federativa do Brasil de 24 de janeiro de 1967) "Art. 210, §1° – O ensino religioso, de matrícula facultativa, constituirá disciplina dos horários normais das escolas públicas de ensino fundamental." (Constituição da República Federativa do Brasil, 05 de outubro de 1988).
Período da Redemocratização (1996-1997)	"Art. 33. O ensino religioso, de matrícula facultativa, é parte integrante da formação básica e constitui disciplina dos horários normais das escolas públicas de ensino fundamental, assegurado o respeito à diversidade cultural religiosa do Brasil, vedadas quaisquer formas de proselitismo." (Lei de Diretrizes e Bases da Educação Nacional n° 9.394/1996 e Lei n° 9.475/1997).

FONTE: Adaptado de DAVIES, 2004, p. 15-16, 19, 22, 24, 29, 37.

Notemos que a proposta educacional vigente no Brasil pela Lei n° 9.394/1996 reconhece a diversidade de identidades, valorizando o respeito e o direito à especificidade de cada um. Por isso, os currículos do ensino fundamental estão organizados, conforme o art. 26, por uma base nacional comum e "por uma parte diversificada, exigida pelas características regionais e locais da sociedade, da cultura, da economia e da clientela". Entre as áreas do conhecimento que compõem a base nacional, encontra-se o Ensino Religioso. Vale destacar que ele está presente em algumas escolas a partir da educação infantil, embora não seja obrigatório na forma de lei. Em âmbito nacional, de acordo com Oliveira et al.[30], o Ensino Religioso:

- *é parte integrante da formação básica do cidadão. Ou seja, a disciplina alicerça-se nos princípios de uma cidadania planetária, no respeito ao outro como tal e na formação integral dos estudantes;*
- *é disciplina nos horários normais, assegurando o respeito à diversidade cultural religiosa e às suas verdades, sendo vedadas quaisquer formas de proselitismo (art. 33 da LDBEN 9.394/1996; Lei 9.475/1997);*
- *é componente curricular cujos conhecimentos constroem significados com base nas relações que os estudantes estabelecem no entendimento do fenômeno religioso;*
- *veicula um conjunto de conhecimentos e conteúdos que subsidiam o entendimento do fenômeno religioso à luz da relação entre culturas e tradições religiosas, a fim de conhecer os componentes básicos desse objeto de estudo;*
- *orienta os alunos para a sensibilidade ao mistério e à alteridade, ao tratar dos conhecimentos religiosos que historicamente se apresentam como revelados e elaborados;*
- *encaminha processos de aprendizagem processual, progressista e permanente, tendo em conta os conhecimentos anteriores dos estudantes, os contextos socioculturais deles e da comunidade escolar onde se encontram inseridos, a fim de possibilitar um entendimento gradual de diferentes aspectos do fenômeno religioso, sem comparações, confrontos ou preconceitos de qualquer espécie;*
- *desenvolve práticas pedagógico-didáticas contextualizadas e organizadas, que se concretizam nas relações de ensino-aprendizagem com*

base em questões como as seguintes: quem é esse aluno? Para que ensinar isso? O que o estudante deseja aprender? O que é necessário saber para ser mediador nas reflexões e elaborações propostas? Como fazer qualitativamente as mediações pedagógico-didáticas desse componente curricular no cotidiano escolar?

- *percebe a avaliação como um processo que permeia os objetivos, os conteúdos e as práticas pedagógico-didáticas como um todo, constituindo diagnósticos que viabilizam os conhecimentos como elementos integradores e articuladores do processo educativo.* (p. 104-106)

Nesse sentido, o Ensino Religioso, como área de conhecimento, requer uma prática docente própria para o tratamento do conhecimento religioso em sala de aula, consolidada nos pressupostos do art. 33 da LDBEN 9.394/1996, nos Parâmetros Curriculares Nacionais do Ensino Religioso (PCNER) e nas Diretrizes Curriculares Nacionais para o Ensino Fundamental. Essa prática deve, como indica o Fonaper (Fórum Nacional Permanente de Ensino religioso)[20]:

- *proporcionar o conhecimento dos elementos básicos que compõem o fenômeno religioso, tomando como princípio as experiências religiosas percebidas no contexto do educando;*
- *subsidiar o educando na formulação do questionamento existencial em profundidade, para dar sua resposta devidamente informada;*
- *analisar o papel das tradições religiosas na estruturação e manutenção das diferentes culturas e manifestações socioculturais;*
- *facilitar a compreensão do significado das afirmações e verdades de fé das tradições religiosas;*
- *refletir sobre o sentido da atitude moral como conseqüência do*

fenômeno religioso e expressão da consciência e da resposta pessoal e comunitária do ser humano;

- *possibilitar esclarecimentos sobre o direito à diferença na construção de estruturas sociais que tenham na liberdade seu valor inalienável.* (p. 27)

Essas proposições demandam um repensar no trabalho educativo, possibilitando o questionamento dessa ação docente para a construção coletiva de novas alternativas na prática pedagógica.

A escola é livre para definir os conteúdos do Ensino Religioso, os quais deverão constar na proposta pedagógica dos estabelecimentos. Segundo Vasconcellos[43], "o conjunto de conhecimentos, hábitos e atitudes, organizados pedagógica e didaticamente, são os meios para a concretização das finalidades que o educador tem ao preparar o seu curso, a partir da realidade" (p. 140). Nessa perspectiva, Junqueira, Holanda e Corrêa[24] citam a Deliberação nº 1/2006*, que diz:

> *Art. 2º Os conteúdos do ensino religioso oferecido nas escolas subordinam-se aos seguintes pressupostos:*
>
> *a) da concepção interdisciplinar do conhecimento, sendo a interdisciplinaridade um dos princípios de estruturação curricular e da avaliação;*
> *b) da necessária contextualização do conhecimento, que leve em consideração a relação essencial entre informação e realidade;*
> *c) da convivência solidária, do respeito às diferenças e do compromisso moral e ético;*

* Para ler na íntegra a Deliberação nº 1, de 10 de fevereiro de 2006, acesse: <http://www.diaadia.pr.gov.br/deb/arquivos/File/legislacao/deliberacao_01_06_ens_rel.pdf>.

d) do reconhecimento de que o fenômeno religioso é um dado da cultura e da identidade de um grupo social, cujo conhecimento deve promover o sentido da tolerância e do convívio respeitoso com o diferente;
e) de que o ensino religioso deve ser enfocado como área do conhecimento em articulação com os demais aspectos da cidadania.

Art. 3º *Os conteúdos de ensino religioso serão trabalhados de acordo ao artigo 33 da Lei nº 9.394/96:*

I – nos anos iniciais, como os demais componentes curriculares,
II – nos anos finais, conforme a composição da matriz curricular e o previsto na proposta pedagógica da escola.
[...]

Art. 8º *Os conteúdos do ensino religioso serão definidos na proposta pedagógica dos estabelecimentos, obedecido o preceituado pelo artigo 33 da Lei nº 9.394/96.* (p. 09-42)

Em contrapartida, os Parâmetros Curriculares Nacionais do Ensino Religioso sugerem cinco eixos organizadores para os conteúdos de Ensino Religioso, que Oliveira et al.[30] assim apresentam:

1. *Culturas e Tradições Religiosas: encaminha o estudo do fenômeno religioso à luz da razão humana, analisando questões como função e valores da tradição religiosa, relação entre tradição e ética, teodiceia, tradição religiosa natural e revelada, existência e destino do ser humano nas diferentes culturas;*
2. *Teologias: contempla o conjunto de afirmações e conhecimentos elaborados pela religião sobre o transcendente e repassados aos fiéis de um modo organizado ou sistematizado;*

3. *Textos sagrados (orais e escritos): apresenta os textos que transmitem, conforme a fé dos seguidores, uma mensagem do transcendente, mediante a qual, pela revelação, cada forma de afirmá-lo faz conhecer aos seres humanos seus mistérios e sua vontade, dando origem às tradições. Estão ligados ao ensino, à pregação, à exortação e aos estudos eruditos.*
4. *Ritos: identifica uma série de práticas celebrativas das tradições religiosas, formando um conjunto de rituais, símbolos e espiritualidades;*
5. Ethos: *apresenta a forma interior da moral humana em que se realiza o próprio sentido do ser. É formado na percepção interior dos valores, por meio dos quais nasce o dever como expressão da consciência e como resposta do próprio "eu" pessoal. O valor moral tem ligação com um processo dinâmico da intimidade do ser humano, e, para atingi-lo, não basta deter-se à superfície das ações humanas.* (p. 113-114)

Nesse contexto, é primordial que a escola, ao elaborar uma proposta curricular para o Ensino Religioso, contemple os seguintes aspectos: os fundamentos da disciplina de Ensino Religioso, o encaminhamento metodológico mais adequado para os conteúdos a serem trabalhados e uma avaliação coerente com os conteúdos da disciplina.

É essencial termos clareza da concepção de Ensino Religioso presente nos fundamentos da disciplina. Passos[34] apresenta três modelos (ou concepções) de Ensino Religioso: **modelo catequético**, **modelo teológico** e **modelo de ciências da religião**. No entanto, o autor diz que pode haver outros modelos para o encaminhamento da disciplina, considerando-se que "Cada modelo expressa também um objetivo, revela os sujeitos responsáveis por sua gestão e execução e pode esconder certos riscos, como em toda prática educativa" (p. 29).

Não menos importante que a definição dos conteúdos para o Ensino Religioso, há de se considerar a metodologia utilizada. Vasconcellos[43] diz que "o aspecto metodológico é muito importante, pois é a criação das condições adequadas para o trabalho educativo, superando a improvisação empírica" (p. 147).

Os Parâmetros Curriculares Nacionais do Ensino Religioso[20] sugerem um tratamento metodológico para essa área do conhecimento em que as ações não ocorrem de forma isolada, mas que se articulam entre si, a saber: "Observação: para o trabalho com os conceitos básicos do Ensino Religioso; Reflexão: para o entendimento e a decodificação do fenômeno religioso; e Informação: apropriação do conhecimento sistematizado, organizado e elaborado" (p. 34-35).

A proposta desafiadora para o professor de Ensino Religioso está no encaminhamento pedagógico, na contextualização dos fatos, nas manifestações, nos elementos simbólicos e outros que propiciem ao educando a compreensão do fenômeno religioso na dinâmica social.

Síntese

O Ensino Religioso na legislação assumiu diferentes propostas em diferentes períodos históricos. A proposta educacional hoje vigente no Brasil reconhece a diversidade de identidades, valorizando o respeito e o direito à especificidade de cada indivíduo e assumindo uma postura aconfessional.

Espera-se da escola que, ao elaborar uma proposta curricular para o Ensino Religioso, contemple os seguintes aspectos: os fundamentos da disciplina de Ensino Religioso, bem como um enfoque preciso de sua concepção, além de um encaminhamento metodológico mais adequado para os conteúdos a serem trabalhados, o que viabilizará a consolidação do conhecimento devidamente articulado em sala de aula e uma avaliação coerente deste.

Atividades de Autoavaliação

1 Sobre o Ensino Religioso, é correto afirmar:

A) O Ensino Religioso obrigatório na forma de lei está presente a partir da educação infantil.

B) O Ensino Religioso é parte integrante da formação básica do cidadão.

C) Os conteúdos do Ensino Religioso serão definidos pelos sistemas de ensino.

D) De acordo com a nova legislação (LDBEN nº 9.394/1996), o Ensino Religioso não deve ser focado como área do conhecimento.

2 Marque a alternativa correta.

Os Parâmetros Curriculares Nacionais do Ensino Religioso sugerem cinco eixos organizadores para os conteúdos de Ensino Religioso, a saber:

A) Culturas e tradições religiosas, teologias, textos sagrados, ritos e *ethos*.

B) Teologias, textos sagrados, ritos, *ethos* e tradições religiosas.

C) Culturas, teologias, textos sagrados, ritos e *ethos*.

D) Teologias, textos sagrados, ritos, *ethos* e mitos.

3 As seguintes proposições apresentam duas alternativas corretas. Assinale-as:

I. Culturas e tradições religiosas identificam uma série de práticas celebrativas, formando um conjunto de rituais.

II. O *ethos* é formado na percepção interior dos valores, por meio dos quais nasce o dever como expressão da consciência e como resposta do próprio "eu".

III. Os ritos contemplam o conjunto de afirmações e conhecimentos elaborados pela religião sobre o Transcendente e repassados aos fiéis de modo organizado ou sistematizado.

IV. Os textos sagrados estão ligados ao ensino, à pregação, à exortação e aos estudos eruditos.

A) As alternativas I e II estão corretas.

B) As alternativas I e III estão corretas.

C) As alternativas II e III estão corretas.

D) As alternativas II e IV estão corretas.

4 Marque a alternativa correta a respeito das proposições a seguir:

Na legislação, em cada período da história o Ensino Religioso assumia uma nova proposta. É correto afirmar:

I. No art. 5º da Constituição Política do Império do Brasil, de 25 de março de 1824, o Ensino Religioso era de frequência facultativa e ministrado de acordo com os princípios da confissão religiosa do aluno manifestada pelos pais ou responsáveis.

II. Na LDBEN nº 9.394/1996 e na Lei nº 9.475/1997, é assegurado o respeito à diversidade cultural religiosa do Brasil, vedadas quaisquer forma de proselitismo.

III. No art. 210, parágrafo 1º, da Constituição da República Federativa do Brasil de 5 de outubro de 1988, o Ensino Religioso, de matrícula facultativa, constituirá disciplina dos horários normais das escolas públicas e do ensino fundamental.

IV. No art. 168, parágrafo 3º, inciso IV, da Constituição da República Federativa do Brasil, de 24 de janeiro de 1967, o Ensino Religioso constituirá matérias dos horários nas escolas públicas primárias, secundárias, profissionais e normais.

A) As proposições I e II estão corretas.

B) As proposições I e III estão corretas.

C) As proposições II e III estão corretas.

D) As proposições II e IV estão corretas.

5 Assinale com F para falso e V para verdadeiro as seguintes alternativas:

( ) O Ensino Religioso deve ser enfocado como área de conhecimento.

( ) Os conteúdos do Ensino Religioso nos anos iniciais deverão ser trabalhados conforme a composição da matriz curricular.

( ) Os conteúdos do Ensino Religioso nos anos finais deverão ser trabalhados como os demais componentes curriculares.

( ) Os conteúdos do Ensino Religioso serão definidos na proposta pedagógica dos estabelecimentos.

Agora, marque a sequência correta:

A) V, V, F, F

B) V, F, V, F

C) V, F, F, V

D) F, F, F, F

Atividades de Aprendizagem

Questões para Reflexão

1 Elabore uma frase que sintetize a ideia principal do texto do capítulo e, depois, justifique a sua escolha.

2 Escreva um pequeno texto que explicite sua opinião sobre o seguinte preceito da Constituição de 1988: "O ensino religioso, de matrícula facultativa, constituirá disciplina dos horários normais das escolas públicas de ensino fundamental".

Atividade Aplicada: Prática

1 Organize e esquematize uma linha do tempo, de modo a sistematizar a trajetória do Ensino Religioso na legislação brasileira.

QUATRO

Ensino religioso na educação infantil

A escola não pode ignorar a importância da disciplina de Ensino Religioso como parte integrante da formação básica do cidadão, que começa na educação infantil e prossegue no ensino fundamental. A contribuição dessa disciplina possibilita despertar o aluno para os aspectos transcendentes da existência. Cabe ressaltar que esse processo é permeado de ações, gestos, palavras, símbolos e valores que só adquirem significado na vivência e partilha. Este capítulo faz uma reflexão dos objetivos, conteúdos e metodologias propostos para o Ensino Religioso na educação infantil.

Como já foi dito, foi com a LDBEN nº 9.394/1996 que a educação infantil passou a ser integrada à educação básica. Essa indicação sugere sua importância para a educação e exige a busca de novos caminhos para a prática pedagógica.

Nessa perspectiva, foi elaborado um documento – o Referencial Curricular Nacional para a Educação Infantil[13] –, que, dentre outras orientações, determina um conteúdo mínimo para se trabalhar com essa faixa etária, estimulando a criança em seu desenvolvimento psicomotor, cognitivo e socioafetivo. Todavia, esse documento não contempla o Ensino Religioso para essa fase do ensino.

A dificuldade torna-se ainda maior quando se percebe a falta de fontes bibliográficas de pesquisa voltadas para esse segmento de ensino. Por essa razão, alguns autores buscam como referencial para selecionar os conteúdos para a educação infantil os Parâmetros Curriculares Nacionais do Ensino Religioso (PCNER)[20] para o 1º ciclo, adaptando-os a essa modalidade de ensino.

A educação infantil é um espaço privilegiado para a criança, no qual ela tem a oportunidade de ampliar gradativamente suas possibilidades de interação social. Como sabemos, a criança nessa fase é curiosa, tem o desejo de conhecer o mundo que a cerca e apropriar-se dele. Daí a importância de o educador resgatar as informações que os alunos lhe trazem, possibilitando a socialização de suas experiências com os demais colegas de sala de aula. Essa interação é essencial, tendo em vista que, no ambiente escolar, a criança é desafiada diariamente a lidar com novas situações como, por exemplo, dividir a atenção da professora com o grupo de colegas da sala, aprender a respeitar as normas de convivência da turma, aceitar as ideias dos colegas, lidar com situações de conflito etc. Nicolau[27] traz uma contribuição nesse sentido dizendo que, na educação infantil, "a criança está construindo uma estrutura de pensamento e essa construção vai sendo realizada à medida que ela interage com o meio, incorporando e transformando as informações que dele recebe" (p. 96).

É nesse ambiente estimulante que a criança começará a perceber, inclusive, as diferenças existentes entre ela e os demais colegas, o que representa uma oportunidade para o professor de Ensino Religioso trabalhar a questão da acolhida e respeito ao outro.

Diferentemente do que ocorre no ambiente familiar, as atividades desenvolvidas no meio escolar são planejadas: define-se os objetivos que se deseja atingir, seleciona-se os conteúdos mais significativos a serem abordados e busca-se as estratégias mais adequadas para a sua aplicação num ambiente que atende, no coletivo, à individualidade e à diversidade de realidades dos alunos. Cruz[16] lembra que "Os conteúdos são a operacionalização dos objetivos, ou seja, escolhemos os conteúdos a partir dos objetivos, e não a partir de qualquer lista elaborada com antecedência. Serve como conteúdo aquilo que ajuda a realizar o que está proposto como objetivo" (p. 22).

Dentre as atividades propostas pela maioria das escolas de educação infantil, destacam-se atividades coletivas e/ou individuais diversas, como o desenho, a pintura, o recorte, a colagem, a contação de histórias, a dramatização, as brincadeiras cantadas, as brincadeiras no parquinho etc.

Essas atividades têm a sua importância na medida em que contribuem para o desenvolvimento do aluno nos aspectos cognitivo e social, sem marcas de preconceito. Para Nicolau[27], essa fase do trajeto educacional do aluno deve criar "situações desafiadoras que levem a criança a pensar, levantando hipóteses, refletindo e procurando respostas" (p. 96).

Sabemos que as brincadeiras exercem um papel significativo na vida de qualquer criança, em especial naquela que está na educação infantil, pois favorece novas descobertas, seja de ordem social, cultural, emocional, cognitiva ou motora. No dizer de Oliveira[31]:

> A *criança aprende melhor brincando, e todos os conteúdos podem ser ensinados através de brincadeiras e jogos, em atividades predominantemente lúdicas.* [...] *Entre os dois e os cinco, seis anos, aproximadamente, a criança usa o jogo simbólico, relacionando-se com o mundo eminentemente através da fantasia, do "faz-de-conta".* (p. 33)

Com essa perspectiva, justifica-se que o professor de Ensino Religioso utilize o lúdico como uma estratégia para o envolvimento do educando nas temáticas a serem desenvolvidas. Sugere-se, pois, após a realização da atividade lúdica, maior interação dos alunos com o conteúdo por meio de atividades que propiciem o aprofundamento dos conteúdos.

Avançando nessa análise do *como fazer*, encontra-se a questão dos conteúdos de Ensino Religioso propostos para a educação infantil. Considerando as características próprias dessa fase e os objetivos a serem atingidos, alguns autores, como Oleniki e Daldegan[29], sugerem como conteúdo a **alteridade**, no intuito de "explorar com a criança o seu próprio universo, a sua convivência e relação com as pessoas que o cercam e com o transcendente que constituem esse universo" (p. 64). Ou seja, a intenção social do Ensino Religioso reside em conduzir a criança inserida no contexto da educação infantil à descoberta de si e do outro, para um mundo mais justo e solidário. E se o conteúdo trabalhado com a criança for de forma contextualizada, prazerosa e criativa, poderá contribuir ainda para a construção do entendimento e respeito às diferenças.

Sabemos que os objetivos determinam não só os conteúdos como também a metodologia. Aliada a essa proposição, Kramer[26] propõe alguns princípios metodológicos, que podem ser extensivos para o Ensino Religioso:

- *tomar a realidade das crianças como ponto de partida para o trabalho, reconhecendo sua diversidade;*
- *observar as ações infantis e as interações entre as crianças, valorizando essas atividades;*
- *confiar nas possibilidades que todas as crianças têm de se desenvolver e aprender, promovendo a construção de sua autoimagem positiva;*
- *propor atividades com sentido, reais e desafiadoras para as crianças, que sejam, pois, simultaneamente significativas e prazerosas, incen-*

tivando sempre a descoberta, a criatividade e a criticidade;

- *favorecer a ampliação do processo de construção dos conhecimentos, valorizando o acesso aos conhecimentos do mundo físico e social;*
- *enfatizar a participação e a ajuda mútua, possibilitando a construção da autonomia e da cooperação.* (p. 38)

Com essas considerações, justifica-se a necessidade de criar uma proposta pedagógico-metodológica para o Ensino Religioso que esteja de acordo com as necessidades e características dos alunos dessa faixa etária.

Síntese

A educação infantil tem a sua importância no contexto escolar na medida em que a criança é estimulada para o desenvolvimento de suas habilidades e competências. É nesse ambiente rico que ocorrem as primeiras relações sociais da criança, interagindo e aprendendo a respeitar o outro com suas diferenças. Daí a importância do contato da criança com o universo religioso, para a construção de sua identidade religiosa nas diferenças e na alteridade.

Atividades de autoavaliação

1 Em se tratando do ensino Religioso para a educação infantil, é correto afirmar:

A) Encontra-se nos PCNER o referencial para selecionar os conteúdos dessa disciplina.

B) O Ensino Religioso não necessita de uma metodologia que relacione os conteúdos apreendidos com a experiência religiosa do aluno.

C) Considerando as características próprias dessa fase e os objetivos a serem atingidos, alguns autores sugerem como conteúdo a alteridade.

D) A criança inserida no contexto da educação infantil deve ser preservada de ampliar suas possibilidades de interação social, pois isso ficará a cargo dos anos subsequentes.

2 Marque a alternativa correta:

A) Culturas e tradições religiosas são eixos organizadores dos conteúdos para a educação infantil.

B) Recomenda-se utilizar o lúdico como uma estratégia para o envolvimento do educando nas temáticas a serem desenvolvidas em Ensino Religioso.

C) *Ethos* e ritos são eixos organizadores dos conteúdos para a educação infantil.

D) No Referencial Curricular Nacional para a Educação Infantil, encontram-se os conteúdos mínimos de Ensino Religioso para essa faixa etária.

3 As seguintes proposições apresentam duas alternativas corretas. Quais são elas?

I. Na educação infantil, não se recomenda o trabalho com a criança de forma contextualizada, pois isso dificultará a construção do seu entendimento e do seu respeito às diferenças.

II. Os conteúdos são a operacionalização dos objetivos.

III. A intenção social do Ensino Religioso na educação infantil é promover na criança a descoberta de si e do outro.

IV. Na educação infantil, não se deve propor atividades desafiadoras para as crianças, a fim de não comprometer sua criatividade e criticidade.

A) As alternativas I e IV estão corretas.

B) As alternativas II e III estão corretas.

C) As alternativas III e IV estão corretas.

D) As alternativas I e II estão corretas.

4 Das proposições a seguir, quais estão corretas?

I. O Referencial Curricular para a Educação Infantil não contempla o Ensino Religioso.

II. Na educação infantil, as atividades para as crianças devem ser desafiadoras, incentivando a descoberta, a criatividade e a criticidade.

III. A criança inserida na modalidade da educação infantil gosta de participar de atividades com regras estabelecidas.

IV. Entre os dois e os seis anos de idade, aproximadamente, a criança usa a reversibilidade para construção da sua identidade religiosa.

A) As alternativas I e II estão corretas.

B) As alternativas I e III estão corretas.

C) As alternativas II e III estão corretas.

D) As alternativas II e IV estão corretas.

5 Assinale com F para falso e V para verdadeiro as seguintes alternativas:

( ) As brincadeiras exercem um papel significativo para a criança que está na educação infantil, pois favorecem novas descobertas, sejam de ordem social, cultural, emocional, cognitiva ou motora.

( ) Considerando as características próprias das crianças que se encontram na educação infantil e os objetivos a serem atingidos, alguns autores sugerem como conteúdo a história das narrativas sagradas.

( ) O Referencial Curricular Nacional para a Educação Infantil determina um conteúdo mínimo para se trabalhar com o Ensino Religioso nessa faixa etária.

( ) Os objetivos determinam não só os conteúdos como também a metodologia.

Agora, marque a sequência correta:

A) V, V, F, F

B) V, F, V, F

c) V, F, F, V

d) F, F, F, F

Atividades de Aprendizagem

Questões para Reflexão

1. Dos princípios metodológicos citados por Kramer (1991), selecione os cinco princípios que você considera mais importantes. Justifique sua escolha.

2. Ainda sobre os mesmos princípios metodológicos, quais deles mais se aproximam das atuais práticas educacionais? Quais estão mais fora de aplicação? Apresente exemplos tirados de sua própria experiência escolar.

Atividade Aplicada: Prática

1. Em grupo ou individualmente, escolha um tema de Ensino Religioso proposto para a educação infantil e elabore um plano de aula.

2. Desenvolva com seus alunos a seguinte atividade:

Conteúdo: Alteridade

Tema: Eu sou um presente.

Objetivo: Perceber-se como um presente na vida das pessoas por meio das atitudes.

Encaminhamento: inicialmente, realizar a brincadeira do Passa-anel. As crianças deverão sentar-se em círculo, com as palmas das mãos esticadas para frente. Dois alunos são escolhidos: um para passar o anel de mão em mão e o outro para observar e descobrir com quem ficou o anel. Para dar continuidade à brincadeira, sugere-se combinar com o grupo as regras a serem seguidas.

Após a realização da brincadeira, o professor pergunta para as crianças o que elas acharam da atividade e como se sentiam quando não recebiam o anel.

Em seguida, o professor deverá relacionar o anel, que era um presente para quem o recebia, a cada um de nós, demonstrando, assim, que também podemos ser um presente para os colegas dependendo do modo como os tratamos. O professor pode pedir às crianças que pensem e expressem como gostariam de ser tratadas pelos colegas e o que elas têm feito para deixar os colegas mais felizes em sua companhia.

Divididos em pequenos grupos, as crianças deverão procurar, em revistas, ilustrações exemplificando atitudes que representam respeito, amizade pelo próximo.

Confeccionar painéis com as ilustrações de cada grupo. Podem-se elaborar frases coletivas que demonstrem a importância de cada pessoa ser um presente para o outro.

CINCO

Ensino religioso no ensino fundamental

Considerando as características do desenvolvimento dos alunos e os objetivos para cada série ou ciclo, o Ensino Religioso nos anos iniciais do ensino fundamental poderá oferecer subsídios para que os conhecimentos religiosos sejam ampliados, contribuindo para a formação integral do aluno. Este capítulo discute questões referentes aos conteúdos próprios do Ensino Religioso e a metodologia mais adequada para essa fase do ensino.

É importante dizer que, no primeiro ciclo do ensino fundamental (1º, 2º e 3º anos), a criança tem necessidade de conhecer o mundo que a cerca, de compreender normas e valores; por vezes, confunde o real com o irreal, porque é muito imaginativa. Os pais ou as pessoas em quem confia servem de referência para a sua vida. Nesse sentido, as atividades de Ensino Religioso propostas poderão contribuir para a compreensão de sua identidade religiosa. Os PCNER[20] apontam que essa fase compreende o período escolar da ritualização,

> *em que o educando é introduzido no trabalho metódico, na convivência social, na codificação e decodificação do conhecimento, na contemplação que o ajudará no estabelecimento da consciência moral, na interiorização de valores, na organização do superego e no fortalecimento da ideia do Transcendente que traz ou não em si.* (p. 44)

O fato é que, à medida que a criança vai se desenvolvendo num ambiente escolar de respeito, de acolhida, de atenção, de cooperação, ela se sentirá mais segura e feliz. Esse é um aspecto importante a ser considerado para um melhor e mais saudável desenvolvimento dessa criança.

Por sua vez, a criança que está no segundo ciclo do ensino fundamental (4º e 5º anos) tem necessidade de aumentar o círculo de amizades, de estar bem no grupo de amigos; por isso, deixa-se influenciar por ele. Gosta de participar de atividades com regras estabelecidas. Os PCNER[20] complementam as características dessa fase dizendo que esse

> *É o período escolar em que o educando busca um sentido global de perícia e de perfeição, fazendo a passagem da heteronomia para autonomia, construindo noções a partir do prático e real, dos sujeitos sobre os objetos, estruturando desse modo seu mundo pessoal, seu eu interior, sempre a partir de reflexões sobre ações concretas no tempo, no espaço e na história, tanto a nível natural de fatos, acontecimentos e conhecimentos quanto no sobrenatural no plano da crença, na relação com o transcendente.* (p. 47)

Sabendo que a maioria dos alunos nessa fase do ensino começa a interagir com a cultura do adulto, o Ensino Religioso deve lhes propiciar condições para que ampliem seus conhecimentos religiosos e adquiram novos conhecimentos referentes às diferentes expressões e tradições religiosas. Para tanto, é imprescindível que o professor, na distribuição e profundidade dos conteúdos que serão abordados em cada série ou ciclo, considere as características dos alunos e os objetivos do Ensino Religioso. Andrade[1] amplia esse desafio quando propõe que:

> *Os alunos devem participar desde o momento da organização dos conteúdos no planejamento. Os assuntos devem ser trabalhados a partir da sondagem dos conhecimentos que os alunos já trazem, para completá-los e/ou redimensioná-los. O "controle" deve ser feito através, também, da autoavaliação, fundamental para o desenvolvimento da*

autonomia, que implica assumir a responsabilidade por seus próprios atos e suas consequências. (p. 136)

Encontram-se nos PCNER, organizados em blocos e subdivididos em eixos organizadores, conteúdos propostos para o trabalho em cada série ou ciclo, respeitando a pluralidade presente na escola. Oliveira et al.[30] lembram que "A presença de diversas culturas, com suas diferentes expressões de ordem linguística, artística, religiosa etc., num sistema educacional requer indubitavelmente uma tomada de consciência, uma reflexão sobre os encaminhamentos e a elaboração de suas propostas curriculares" (p. 110).

Para melhor ilustrarmos o que foi dito sobre os conteúdos de Ensino Religioso para os anos iniciais do ensino fundamental, apresenta-se a seguir o Quadro 3, com uma proposta educacional que revela o esforço de alguns pesquisadores em contribuir para a qualidade no trabalho docente.

Quadro 3 – Currículo de Ensino Religioso: 1º ciclo (1º, 2º e 3º anos)

Eixos organizadores dos conteúdos	**Conhecimento religioso**	**Blocos de conteúdo**
1. *Ethos*	Alteridade	orientações para o relacionamento com o outro, permeado por valores.
2. Ritos	Símbolos	identificação dos símbolos mais importantes de cada tradição religiosa, comparando seu significado.
3. Culturas e tradições religiosas	Filosofia e tradição religiosa	a ideia do Transcendente.

Fonte: Fórum nacional Permanente do Ensino Religioso, 1997, p. 43.

Verificamos que, no primeiro ciclo, o trabalho em Ensino Religioso inicia com o estudo a partir da vida do próprio educando e daqueles que o cercam. Nesse sentido, é *mister* que busquemos, no dizer de Oleniki e Daldegan[29]:

- *a individualidade de cada pessoa: diferenças nas características físicas, culturais e religiosas;*
- *a compreensão das diferenças religiosas e suas manifestações* [...];
- *a alteridade, os valores e caminhos que conduzem ao encontro com o outro e com o Transcendente.* (p. 69-70)

Nessa perspectiva, abrem-se oportunidades muito ricas para que a criança perceba a importância de conhecer o outro e estabeleça uma relação recíproca de respeito e aceitação do diferente. De acordo com Oliveira et al.[30], "é no exercício do diálogo com o diferente que o ser humano engendra a possibilidade de flagrar-se também como um diferente e um outro diante de alguém outro" (p. 111).

Sabemos que é nesse período do 1º ao 3º ano do ensino fundamental que a personalidade e os valores éticos e morais da criança estão sendo construídos, com referência nas experiências pessoais junto à sua família e no convívio social. Assim, para que o conteúdo possa verdadeiramente contribuir para a formação de crianças abertas ao diálogo, ao respeito e à convivência com o diferente na construção da dimensão religiosa, Oliveira et al.[30] sugerem que os conteúdos explorados "não atuem como fins em si mesmos, mas como meios para o desenvolvimento dos estudantes" (p. 112), a partir de suas próprias experiências. Quando se vivencia um processo de aprendizagem que leva em consideração o que o aluno já apreendeu, o resultado é sempre rico em novas sistematizações.

A seguir, o Quadro 4 traz uma proposta de conteúdo para ser desenvolvida pelo professor de Ensino Religioso no 2º ciclo do ensino fundamental:

Quadro 4 – Currículo de Ensino Religioso: 2º ciclo (4º e 5º anos)

Eixos organizadores dos conteúdos	**Conhecimento religioso**	**Blocos de conteúdo**
1. Textos sagrados	História das narrativas sagradas	o conhecimento dos acontecimentos religiosos que originam os mitos e segredos sagrados e a formação dos textos.
2. Ritos	Rituais	a descrição de práticas religiosas significantes, elaboradas pelos diferentes grupos religiosos.
3. Teologias	Divindades	a descrição das representações do Transcendente nas tradições religiosas.

Fonte: Fórum nacional Permanente do Ensino Religioso, 1997, p. 48.

Percebe-se que a ênfase dada ao 2º ciclo do ensino fundamental traz como eixos organizadores dos conteúdos os textos sagrados, os ritos e as teologias. Nesse sentido, os saberes do Ensino Religioso permitem conhecer as diferentes formas de se professar cada uma das religiões que orientam a vida espiritual e as relações entre os diferentes grupos sociais durante a história da humanidade. Esse conhecimento não pode se caracterizar como uma crítica ao diferente, pela justificação das diferenças ao preconceito, pelo estranhamento.

Na verdade, o conhecimento dessas diferentes estruturas religiosas deve orientar-se pela necessidade de se conhecer as diferentes práticas, a lógica, as razões de cada grupo para que suas ações externadas se expliquem. Passos[34] traz uma contribuição nesse sentido: "O Ensino Religioso escolar é uma questão de educação para a cidadania plena; sustenta-se sobre pressupostos educacionais e não sobre argumentações religiosas, ainda que a religiosidade possa ser um valor que deve ser educado para que possa contribuir com a vida pessoal e social" (p. 34).

Diante disso, podemos percebe que a aprendizagem se processa tendo como ponto de partida o indivíduo em sua relação com o outro e com o saber já produzido. O conhecimento construído a partir dessa inter-relação – mediada pelo professor e pela instrumentalidade da ciência educacional – faz-se permanente e pressupõe novas construções. Cria-se, assim, um *continuum* dialético do qual emerge o sujeito que, a partir da educação, conduzirá a sociedade que o cerca a uma transformação, tornando-a justa, solidária e inclusiva. Tal sociedade propiciará um ambiente de desenvolvimento social, de progresso tecnológico, de conhecimento, de qualidade de vida, de relação sustentável com a natureza etc.

É importante dizer que essa é a aprendizagem que realmente interessa à escola protagonizar, porque é o resultado de tal aprendizagem que permite à criança construir novas estratégias para responder aos desafios que o seu cotidiano lhe apresenta, em diferentes situações e na interação com diferentes sujeitos.

O Ensino Religioso no ensino fundamental necessita de uma metodologia que relacione os conteúdos apreendidos com a diversidade religiosa presente na sociedade. Oleniki e Daldegan[29] sugerem quatro momentos que se articulam entre si e contribuem no fazer pedagógico da disciplina:

- *1º momento: apresentar as informações de determinado conteúdo, relativo a uma ou várias tradições religiosas, por meio de diferentes estratégias, como por exemplo: música, história narrada ou dramatizada, dinâmica de grupo etc.*

- *2º momento: propor atividades a serem desenvolvidas individualmente ou em grupo. São atividades que possibilitam ampliar a abordagem do conteúdo proposto, levando o educando a aprender a fazer, a conhecer e a saber de si.*
- *3º momento: promover uma síntese* [...].
- *4º momento: possibilitar um espaço aberto para aprimorar o conteúdo proposto, interagindo com as experiências pessoais.* (p. 74-78)

Cabe enfatizar que essa proposta metodológica permite que a criança seja desafiada em seu raciocínio e em sua capacidade de estabelecer relações, fatores indispensáveis para o aprofundamento de seus conhecimentos.

Síntese

O Ensino Religioso nos anos iniciais do ensino fundamental poderá oferecer subsídios para que os conhecimentos religiosos sejam ampliados, contribuindo para a formação integral do aluno.

Encontra-se nos Parâmetros Curriculares Nacionais do Ensino Religioso (PCNER) uma proposta educacional para essa disciplina. Trata-se de um documento que serve de orientação para o fazer pedagógico, em respeito à diversidade cultural e religiosa presente no contexto escolar.

Atividades de autoavaliação

1 Marque a alternativa correta em relação à frase a seguir:

São conhecimentos religiosos indispensáveis para o 1º ciclo do ensino fundamental:

A) *Ethos*, ritos, culturas e tradições religiosas.
B) Símbolos, ritos, filosofia e tradição religiosa.
C) Alteridade, filosofia, tradição religiosa e símbolos.
D) Culturas e tradições religiosas.

2 Marque a alternativa correta:

A) A passagem da autonomia para heteronomia ocorre nos anos iniciais do ensino fundamental.
B) A autoavaliação é fundamental para o desenvolvimento da heteronomia.

C) O professor, na distribuição e profundidade dos conteúdos que serão abordados em cada série ou ciclo, deve considerar as características dos alunos e os objetivos do Ensino Religioso.

D) Nos anos iniciais do ensino fundamental, o Ensino Religioso propiciará à criança o conhecimento das possíveis respostas dadas à vida além-morte.

3 As seguintes proposições apresentam duas alternativas corretas. Quais são elas?

I. Nos anos iniciais do ensino fundamental, o Ensino Religioso não necessita de uma metodologia que relacione os conteúdos apreendidos com a diversidade religiosa presente na sociedade.

II. O Ensino Religioso necessita de uma metodologia que relacione os conteúdos apreendidos com a diversidade religiosa presente na sociedade.

III. Os conteúdos explorados em Ensino Religioso atuam como meios para o desenvolvimento dos estudantes.

IV. Nos anos iniciais do ensino fundamental, constrói-se a ideia do Transcendente.

A) As alternativas I e II estão corretas.

B) As alternativas I e III estão corretas.

C) As alternativas II e III estão corretas.

D) As alternativas I e IV estão corretas.

4 Das preposições a seguir, quais estão corretas?

I. O Ensino Religioso sustenta-se sobre argumentações religiosas.

II. A criança que está no 2º ciclo do ensino fundamental gosta de participar de atividades com regras estabelecidas.

III. No 2º ciclo, o trabalho em Ensino Religioso traz orientações para o relacionamento com o outro, permeado por valores.

IV. Os conteúdos explorados em Ensino Religioso devem atuar como fins em si mesmos.

A) As alternativas I e II estão corretas.

B) As alternativas II e IV estão corretas.

C) As alternativas II e III estão corretas.

D) As alternativas III e IV estão corretas.

5 Assinale com F para falso e V para verdadeiro as alternativas que complementam a sentença a seguir:

São eixos organizadores dos conteúdos para o 1º ciclo:

( ) *Ethos*, símbolos, culturas e tradições religiosas.

( ) Ritos, alteridade, culturas e tradições religiosas.

( ) Alteridade, ritos e símbolos.

( ) *Ethos*, ritos, culturas e tradições religiosas.

Agora, marque a sequência correta:

A) V, V, F, F

B) V, F, V, F

C) V, F, F, V

D) F, F, F, V

Atividades de Aprendizagem

Questões para Reflexão

Releia neste capítulo a proposta curricular para o Ensino Religioso presente nos PCNER. Sugere-se o aprofundamento de dois temas:

1. Qual seria o principal objetivo do Ensino Religioso para os anos iniciais do ensino fundamental? Elabore um texto explicitando essa reflexão.

2. Faça uma apreciação pessoal sobre essa proposta de conteúdos para o Ensino Religioso do ensino fundamental, procurando relacioná-la com a teoria do desenvolvimento religioso apresentada por Fowler.

Atividades Aplicadas: Prática

1. Numa conversa informal com pelo menos 5 alunos dos anos iniciais do ensino fundamental, procure se informar se eles possuem aulas de Ensino Religioso, o que acham que aprendem nessas aulas e que importância eles dão para o conhecimento religioso.

2. Sugestão de atividade para ser trabalhada com as crianças, em sala de aula:

   Conteúdo: Simbologia

   Tema: Símbolos que fazem parte da minha vida.

   Objetivo: Identificar o símbolo religioso relacionando-o à religião a qual o aluno pertence.

   Encaminhamento: solicitar aos alunos que tragam um símbolo que representa a religião às quais eles pertencem.

Organizados em pequenos grupos, os alunos irão apresentar para os colegas os símbolos que trouxeram, relacionando-os às religiões as quais pertencem, em quais situações eles estão presentes e falar da importância desses símbolos para as suas famílias.

Em seguida, cada grupo deve criar um acróstico*, destacando a importância do respeito mútuo aos símbolos religiosos.

Organizar um quadro ilustrativo com os acrósticos dos alunos.

Na sequência, o professor apresenta aos alunos imagens de alguns símbolos e o significado que estes recebem na comunidade religiosa a que pertencem, destacando a importância do respeito a esses símbolos, pois eles promovem o encontro do ser humano com o Transcendente.

* Acróstico: composição poética na qual o conjunto das letras iniciais (e às vezes as mediais ou finais) dos versos compõe verticalmente uma palavra ou frase. (Ferreira, 1975)

SEIS

O PROFESSOR DE ENSINO RELIGIOSO

A FORMAÇÃO DO PROFESSOR CONTINUA sendo um dos grandes desafios para o sistema de ensino, devido à importância deste no processo educacional e à necessidade de investimentos na preparação de profissionais e cidadãos comprometidos com a educação do país. O atual contexto desafia o professor de Ensino Religioso e seus pares na construção de novos cidadãos por meio do fazer pedagógico e discute a necessária capacitação desse professor para atuar na educação infantil e nos anos iniciais do ensino fundamental. Este capítulo trata sobre os saberes do professor de Ensino Religioso das modalidades educacionais aqui apresentadas.

O art. 33 da LDBEN nº 9.394/1996, modificado pela Lei nº 9.475/1997*, que assegura o respeito à diversidade cultural religiosa no Brasil e determina ser vedada qualquer forma de proselitismo, reacende a discussão quanto à necessidade da formação de um profissional com domínio da *episteme* do Ensino Religioso, contrariando a prática anterior em que se tinha um representante de uma ou outra denominação religiosa para trabalhar a religião na escola.

É pertinente que façamos uma reflexão sobre o professor que atua na educação infantil e nos anos iniciais do ensino fundamental, em particular com a disciplina de Ensino Religioso: Qual a formação inicial do professor que trabalha o Ensino Religioso nessa fase do ensino? Esse professor possui os conhecimentos básicos para lecionar tal disciplina que lhe compete na sua formação? De que maneira o professor está participando dos programas de formação continuada?

* Para ler na íntegra a Lei nº 9.475, de 22 de julho de 1997, acesse: <http://www.planalto.gov.br/ccivil_03/LEIS/L9475.htm>.

Os professores de Ensino Religioso que estão atuando na educação básica são oriundos, em sua grande maioria, do curso de Pedagogia. A formação desses professores busca abranger desde a docência da educação infantil até a dos anos iniciais do ensino fundamental. O professor que atua nessa fase do ensino é, pois, caracterizado como um professor generalista, isto é, que em sua formação sai apto para o trabalho didático com conteúdos relativos à Língua Portuguesa, Matemática, Ciências, História e Geografia, Arte, Educação Física e Educação Religiosa (ou Ensino Religioso).

É sabido que o professor generalista, na sua formação inicial, encontra pouco espaço para que os conteúdos específicos das diferentes áreas do conhecimento sejam trabalhados em profundidade. Por isso mesmo, não é de se esperar que esse professor tenha o mesmo domínio de conteúdo que tem um especialista.

A disciplina de Metodologia da Educação Religiosa foi incluída apenas recentemente no componente curricular dos cursos de Pedagogia e Normal Superior de algumas instituições de ensino superior. É possível percebermos que essa área do conhecimento não tem sido contemplada na formação inicial de muitos professores que atuam no magistério. Tal fato vem sendo, do mesmo modo, responsável pelas distorções no encaminhamento pedagógico da disciplina. Esse componente curricular tem sua importância à medida que aprofunda a discussão sobre o fenômeno religioso e o integra às demais áreas do conhecimento.

De acordo com Andrade[1], durante a formação dos profissionais que atuam por meio do Ensino Religioso na educação infantil e anos iniciais do ensino fundamental, espera-se que eles tenham o conhecimento, entre outros, dos seguintes saberes: "do objeto de conhecimento (conteúdo) e do sujeito da aprendizagem (o aluno enquanto sujeito social, epistêmico, afetivo, ético e religioso)" (p. 132). Acredita-se, pois, que a construção da competência do professor de Ensino Religioso necessita ser feita de forma embasada, consistente, que dê conta da responsabilidade social que tal ensino demanda, garantindo-se, assim, a democracia e o multiculturalismo.

A contribuição de Oliveira et al.[30] valida essa perspectiva inovadora:

> *O professor de Ensino Religioso, assim como os demais professores na unidade escolar, é uma pessoa que, em relação com os estudantes e com os conhecimentos próprios dessa área do conhecimento, contribui nos muitos processos de aprendizagem realizados. Importa que saiba desencadear e ativar processos dialógicos cujos confrontos abertos e construtivos entre estudantes, conhecimentos e professores promovam o rigoroso respeito à liberdade e à consciência de cada um.* (p. 125)

A LDBEN nº 9.394/1996, em seus arts. 61 e 67, assegura a formação continuada como um direito do profissional da educação e um dever do Estado. Nessa perspectiva, claro, a formação continuada é uma necessidade presente em qualquer estágio da vida desse profissional, para consolidar o aprimoramento da prática pedagógica. Rodrigues e Esteves[38] entendem que a formação contínua é "aquela que tem lugar ao longo da carreira profissional após a aquisição da certificação profissional inicial [...] privilegiando a ideia que sua inserção na carreira docente é qualitativamente diferenciada em relação à formação inicial" (p. 44).

Ao pensar num curso de formação continuada especialmente para o professor de Ensino Religioso, Reale[37] considera importante que este deva:

estar articulado com o projeto da escola; valorizar a experiência profissional dos professores; valorizar as potencialidades da comunidade escolar, as especificidades da instituição e do trabalho desenvolvido e desenvolver formas de trabalho coletivo e a ação autônoma das escolas. (p. 17)

Se não for dessa forma, como dizem Pimenta e Ghendin[36], os cursos de formação continuada não terão promovido uma mudança qualitativa na ação do professor, pela dificuldade que ele terá de transpor para a sua prática aquilo que aprendeu em seu curso de formação. Portanto, é recomendável considerar que o professor e seus pares busquem o curso de formação continuada a partir das necessidades que emerjam do grupo, para que as mudanças almejadas ocorram de forma coletiva.

Oliveira et al.[30] enfatizam alguns pontos essenciais para o novo professor:

- *formação adequada ao desempenho de sua ação educativa;*
- *abertura ao conhecimento e aprofundamento permanente de outras experiências religiosas além da sua;*
- *consciência e espírito sensível voltados à complexidade e pluralidade da questão religiosa;*
- *disposição ao diálogo, com capacidade de articulá-lo à luz das questões suscitadas no processo de aprendizagem dos estudantes;*
- *uma experiência de reverência à Alteridade;*
- *capacidade de ser o interlocutor entre escola e comunidade, reconhecendo que a escola propicia a sociabilização do conhecimento religioso sistematizado, ao passo que a família e a comunidade religiosa são os espaços privilegiados para a vivência religiosa e para a opção de fé.* (p. 124)

Nesse contexto, é importante que o professor generalista busque aprimorar o seu fazer pedagógico. Mas, para que isso aconteça, alguns autores como Behrens[5], Guimarães[22] e Nóvoa[28], entre outros, defendem a ideia de que essa mudança na formação e na atuação docente é decorrente do fato de o professor sentir-se insatisfeito com os resultados de seu trabalho. Caso contrário, não será criada a necessidade de reflexão.

É a partir da reflexão que o professor generalista, no Ensino Religioso, poderá colocar em xeque as suas certezas, admitindo que o seu conhecimento possui limitações que podem, contudo, ser superadas. A conduta reflexiva no questionamento efetivo da prática docente requer preparo do professor, para que as análises e avaliações condigam com a realidade, promovendo as intervenções e mudanças necessárias na prática do professor. "Refletir sobre o próprio ensino exige espírito aberto, responsabilidade e sinceridade", afirma Zeichner[44] (p. 17).

Um momento de reflexão que reveja o currículo, a metodologia, os objetivos etc. é fundamental para chegarmos à produção de um saber fundamentado na experiência. Pimenta e Ghendin[36] dizem que, no contexto escolar, a ação reflexiva do professor com seus pares auxilia na produção dos saberes da docência.

De acordo com Cunha e Fernandes[17], no processo de reestruturação da prática pedagógica que parte do professor em comunhão com seus pares, percebe-se:

O valor que os professores dão à prática docente, enquanto a sua grande inspiração para a mudança e ao saber que constroem a partir daí. Nela localizam a possibilidade de aprenderem com os colegas de trabalho, com os alunos e de, refletindo sobre sua própria docência, reformular sua forma de agir e de ser. Este dado confirma que a prática é um elemento importante na aprendizagem e que a experiência que o indivíduo vive é insubstituível no seu significado educativo. O fazer e o refletir sobre este fazer tem sido, no dizer dos bons professores, um mecanismo fundamental para delinearem seu desempenho docente. (p. 8)

Tardif[42] elaborou uma tabela que identifica e classifica os saberes docentes, constituídos pela prática do professor e pelas teorias da educação. Esse conjunto de saberes profissionais corrobora a definição do perfil do profissional, como demonstrado no Quadro 5 a seguir:

Quadro 5 – Classificação e identificação dos saberes docentes

Saberes dos professores	**Fontes sociais de aquisição**	**Modos de integração no trabalho docente**
Saberes pessoais dos professores	A família, o ambiente de vida, a educação no sentido lato etc.	Pela história de vida e pela socialização primária.
Saberes provenientes da formação escolar anterior	A escola primária e secundária, os estudos pós-secundários não- especializados etc.	Pela formação e socialização pré-profissionais.
Saberes provenientes da formação profissional para o magistério	Os estabelecimentos de formação de professores, os estágios, os cursos de reciclagem etc.	Pela formação e socialização profissionais nas instituições de formação de professores.
Saberes provenientes dos programas e livros didáticos usados no trabalho	A utilização das "ferramentas" dos professores: programas, livros didáticos, cadernos de exercícios, fichas etc.	Pela utilização das "ferramentas" de trabalho, sua adaptação às tarefas.
Saberes provenientes de sua própria experiência na profissão, na sala de aula e na escola.	A prática do ofício na escola e na sala de aula, a experiência dos pares etc.	Pela prática do trabalho e socialização profissional.

FONTE: TARDIF, 2006, p. 63.

Nessa proposição apresentada por Tardif, o professor de Ensino Religioso, em sua docência, tem suas crenças e valores arraigados, oriundos da sua história de vida, da cultura escolar inicial, da sua experiência pessoal e profissional. Porém, ele não dispõe de um sólido conhecimento disciplinar sobre aspectos vinculados à Ciência da Religião.

Conforme explicitado nos PCNER[20], importa ressaltar que o professor de Ensino Religioso da educação infantil e dos anos iniciais do ensino fundamental, por uma questão ética, necessita perceber que o seu aluno traz na sua formação e socialização primárias uma iniciação religiosa, sua fé, sua crença, sua cultura, inclusive crendices e mitos que devem ser respeitados de tal maneira que essa disciplina não se confunda com a tentativa de se formar adeptos de uma ou de outra forma de expressão da fé, mas que se possa perceber a pluralidade, sem imposições, preconceitos, exclusões etc.

Na prática, a dimensão ética do professor de Ensino Religioso se manifesta no nível de aplicação pessoal que ele imprime a seu trabalho. Para Sánchez Vázquez[40], a ética é:

> *um sistema de normas, princípios e valores, segundo o qual são regulamentadas as relações mútuas entre os indivíduos ou entre estes e a comunidade, de tal maneira que estas normas, dotadas de um caráter histórico e social, sejam acatadas livre e conscientemente, por uma convicção íntima e não de uma maneira mecânica, externa ou impessoal.* (p. 12)

A contribuição de Tardif[42] enfatiza que a dimensão ética deve permear o trabalho docente, tendo em vista a construção de um novo cidadão. Em sua obra, o autor identifica algumas necessidades que tangem ao trabalho realizado pelos profissionais da educação. Primeiramente, enfatiza a equidade do tratamento, ou seja, torna-se imprescindível que o professor de Ensino Religioso respeite a pluralidade cultural e religiosa de seus alunos; em seguida, que o saber docente chegue ao aluno de forma compreensiva e, por fim, que esteja aberto aos julgamentos de sua própria prática e a de seus pares.

É *mister* que o professor esteja numa constante busca do conhecimento das manifestações religiosas, consciente da complexidade religiosa e sensível à diversidade cultural e religiosa presente no contexto brasileiro.

Síntese

No tocante à formação do professor de Ensino Religioso, a legislação de ensino é clara na cobrança de um profissional competente. O grande desafio, nesse momento em que o Ensino Religioso está em pauta, é voltar-se para a figura do professor que adquire real importância nesse processo, propiciando-lhe uma adequada formação. A formação continuada para esse docente é de vital importância; por isso, tal quesito deve estar agregado ao projeto da escola, porque dele depende o encaminhamento do Ensino Religioso como componente curricular, respeitando a diversidade religiosa e cultural dos educandos, utilizando metodologias e conteúdos específicos, alicerçando, assim, o dia-a-dia do professor.

Atividades de Autoavaliação

1 Marque a alternativa que completa corretamente a sentença a seguir.

A Lei nº 9.394/1996, em seus arts. 61 e 67, assegura:

A) formação continuada como um dever do profissional da educação.

B) formação continuada como um direito do profissional da educação.

C) formação continuada como um dever do profissional da educação e direito do Estado oferecer.

D) formação continuada como um direito do profissional da educação e um dever do Estado.

2 Marque a alternativa correta em relação à sentença a seguir.

Auxilia na produção dos saberes da docência no contexto escolar:

A) A socialização primária.

B) Os cursos de capacitação.

C) A ação reflexiva do professor com seus pares.

D) A prática do trabalho.

3 A seguinte proposição apresenta duas alternativas corretas. Quais são elas?

São saberes dos professores:

I. A socialização profissional.

II. Os saberes pessoais.

III. A prática do trabalho.

IV. Os saberes provenientes dos livros didáticos usados no trabalho.

A) As alternativas I e II estão corretas.

B) As alternativas I e III estão corretas.

C) As alternativas II e III estão corretas.

D) As alternativas II e IV estão corretas.

4 Marque a alternativa que completa corretamente a sentença a seguir.

A produção de um saber fundamentado na experiência necessita:

A) da história de vida.

B) da socialização profissional.

C) reformular a forma de ser e de agir.

D) da ação reflexiva.

5 A respeito do trecho a seguir, marque as lacunas com F para falso e V para verdadeiro.

De acordo com Tardif (2006), uma das classificações dos saberes dos professores é a dos saberes anteriormente provenientes da formação escolar. Identifique esses saberes:

( ) A escola primária e secundária

( ) Os estudos pós-secundários não-especializados.

( ) A família.

( ) O ambiente de vida.

Agora, escolha a sequência correta:

A) V, V, F, F

B) V, F, V, F

C) V, F, F, V

D) F, F, F, F

Atividades de Aprendizagem

Questões para Reflexão

1. Em sua opinião, quais as competências técnicas que o professor de Ensino Religioso da educação infantil e anos iniciais do ensino fundamental deve apresentar ou buscar adquirir? Elabore um texto que evidencie essa análise.

2. Faça uma análise do texto abaixo e estabeleça uma relação com o papel do professor de Ensino Religioso da educação infantil e dos anos iniciais do ensino fundamental.

A função mais importante do professor é gerenciar sonhos. Mas nesse mister, *a amplitude da tarefa é maior que isso: instigar obreiros, fazedores; estimular a inspiração que leva ao domínio do sonhar e do realizar. Iniciativas em torno desse conceito é que constituem os elementos essenciais para o aprendizado e que levam a criança e o jovem a aprender a ser, a conviver, a conhecer, a fazer. São atitudes que permeiam todas as tradicionais disciplinas, porque o aluno não pode ser um repetidor de fórmulas decoradas. Tem de ser um cidadão, um humanista.* (Chalita, 2004, p. 3)

Atividade Aplicada: Prática

1 Entreviste um professor de Ensino Religioso, perguntando quais competências técnicas ele acredita que o docente dessa área na educação infantil e nos anos iniciais do ensino fundamental deve apresentar ou buscar adquirir. Depois, elabore um artigo abordando as respostas desse professor e sua opinião a respeito.

Considerações finais

Sem dúvida, para o Ensino Religioso, o tempo ainda é de conquista, de envolvimento e de necessidade de discussão entre os dirigentes das escolas, professores e mesmo entre os pais de alunos, para um novo encaminhamento da disciplina no espaço escolar.

Todavia, nos últimos anos, a questão do Ensino Religioso como área de conhecimento tem sido um tema candente entre os debates sobre educação, tanto no que se refere aos aspectos políticos como aos pedagógicos. Essa preocupação é decorrente dos grandes desafios que são impostos à educação por conta dos avanços tecnológicos ocorridos na sociedade e que têm provocado mudanças no desenvolvimento intelectual, social e cultural dos indivíduos, afetando diretamente os envolvidos no processo educativo.

Nessa perspectiva, o momento requer do aluno o pleno desenvolvimento de seu ser, ou seja, uma formação acadêmica e, principalmente, humana para a promoção dos direitos humanos pela justiça e cumprimento do dever. Acredita-se, pois, que de forma articulada com as demais disciplinas o Ensino Religioso, por meio do fazer pedagógico, favorecer-se-á o processo de formação desse novo cidadão.

O professor de Ensino Religioso, por sua vez, pode exercer um papel decisivo nesse processo, pois o *como fazer* está ligado à sua formação como educador e àquilo em que acredita.

A expectativa é que este estudo possa contribuir para a busca da competência e da qualidade no trabalho docente por ora exigido no Ensino religioso.

Referências

1 Andrade, R. C. *Ética, religiosidade e cidadania*: subsídios psicopedagógicos para professores. Belo Horizonte: Lê, 1997.

2 Antunes, C. *A construção do afeto*: como estimular as múltiplas inteligências de seus filhos. São Paulo: Augustus, 2000.

3 Balestra, M. M. M. *A psicopedagogia em Piaget*: uma ponte para a educação da liberdade. Curitiba: Ibpex, 2007.

4 Bauman, Z. *O mal-estar da pós-modernidade*. Rio de Janeiro: J. Zahar, 1998.

5 Behrens, M. A. *Formação continuada dos professores e a prática pedagógica*. Curitiba: Champagnat, 1996.

6 Brasil. Constituição (1988). *Diário Oficial [da] República Federativa do Brasil*, Poder Executivo, Brasília, DF, 5 out. 1988. Disponível em: <http://www.planalto.gov.br/ccivil_03/constituicao/constitui%C3%A7ao.htm>. Acesso em: 19 nov. 2008.

7 Brasil. Ministério da Educação e do Desporto. Lei n. 4.024, de 20 de dezembro de 1961. *Diário Oficial [da] República Federativa do Brasil*, Poder Executivo, Brasília, DF, 27 dez. 1961. Disponível em: <http://www.planalto.gov.br/ccivil_03/LEIS/L4024.htm>. Acesso em: 20 nov. 2008.

8 _____. Lei n. 5.692, de 11 de agosto de 1971. *Diário Oficial [da] República Federativa do Brasil*, Poder Executivo, Brasília, DF, 12 ago. 1971. Disponível em: <http://www.planalto.gov.br/ccivil_03/leis/L5692.htm>. Acesso em: 20 nov. 2008.

9 _____. Lei n. 9.394, de 20 de dezembro de 1996. *Diário Oficial [da] República Federativa do Brasil*, Poder Executivo, Brasília, DF, 23 dez. 1996. Disponível em: <http://www.planalto.gov.br/ccivil_03/LEIS/l9394.htm>. Acesso em: 20 nov. 2008.

10 _____. Lei n. 9.475, de 22 de julho de 1997. *Diário Oficial [da] República Federativa do Brasil*, Poder Executivo, Brasília, DF, 23 jul. 1997. Disponível em: <http://www.planalto.gov.br/ccivil_03/LEIS/L9475.htm>. Acesso em: 25 nov. 2008.

11 _____. Lei n. 11.274, de 6 de fevereiro de 2006. *Diário Oficial [da] República Federativa do Brasil*, Poder Executivo, Brasília, DF, 7 fev. 2006. Disponível em: <http://www.planalto.gov.br/ccivil_03/_Ato2004-2006/2006/Lei/L11274.htm>. Acesso em: 24 nov. 2008.

12 Brasil. Ministério da Educação e do Desporto. Resolução CNE/CEB n. 3, de 3 de agosto de 2005. *Diário Oficial [da] República Federativa do Brasil*, Poder Executivo,

Brasília, DF, 3 ago. 2005. Disponível em: <http://portal.mec.gov.br/cne/arquivos/pdf/rceb003_05.pdf>. Acesso em: 21 nov. 2008.

13 Brasil. Ministério da Educação. Secretaria de Educação Fundamental. *Referencial Curricular Nacional para a Educação e do Desporto Infantil*. Brasília, 1998. 3 v. Disponível em: <http://portal.mec.gov.br/seb/index.php?option=content&task=view&id=556>. Acesso em: 24 nov. 2008.

14 Chalita, G. Mensagem a quem professa o magistério. *Diário de São Paulo*, 27 out. 2004.

15 Cordeiro, J. *Didática*. São Paulo: Contexto, 2007.

16 Cruz, T. M. L. *Didática de ensino religioso*: nas estradas da vida – um caminho a ser feito. São Paulo: FTD, 1997.

17 Cunha, M. I.; Fernandes, L. Formação continuada de professores universitários: uma experiência na perspectiva da produção do conhecimento. *Educação Brasileira*, Brasília, v. 16, n. 32, p. 189-213, jan./jul. 1994.

18 Davies, N. *Legislação educacional federal básica*. São Paulo: Cortez, 2004.

19 Ferreira, Aurélio B. H. *Novo dicionário da língua portuguesa*. Rio de Janeiro: Nova Fronteira, 1975.

20 Fórum nacional permanente do ensino religioso. *Parâmetros Curriculares Nacionais*: Ensino Religioso. São Paulo: Ave-Maria, 1997.

21 Fowler, J. *Estágios da fé*. São Leopoldo: Sinodal, 1992.

22 Guimarães, V. S. *Formação de professores*: saberes, identidade e profissão. Campinas: Papirus, 2004.

23 Junqueira, S. R. A. *O desenvolvimento da experiência religiosa*. Petrópolis, RJ: Vozes, 1994.

24 Junqueira, S. R. A.; Holanda, A.; Corrêa, R. L. T. Aspectos legislativos do ensino religioso brasileiro: uma década de identidade. *Religião e Cultura*, São Paulo, v. 7, n. 11, p. 9-42, jan./jun. 2007.

25 Junqueira, S. R. A.; Meneghetti, R. G. K.; Waschowicz, L. A. *Ensino religioso e sua relação pedagógica*. Petrópolis, RJ: Vozes, 2002. (Coleção Subsídios Pedagógicos).

26 Kramer, S. *Com a pré-escola nas mãos*: uma alternativa curricular para a educação infantil. São Paulo: Ática, 1991.

27 Nicolau, M. L. M. *Textos básicos de educação pré-escolar*. São Paulo: Ática, 1990.

28 Nóvoa, A. (Coord.). *Os professores e sua formação*. Lisboa: Dom Quixote, 1997.

29 Oleniki, M. L. R.; Daldegan, V. M. *Encantar*: uma prática pedagógica do ensino religioso. Petrópolis, RJ: Vozes, 2003.

30 Oliveira, L. B. et al. *Ensino religioso no ensino fundamental*. São Paulo: Cortez, 2007.

31 Oliveira, Z. R. *Educação infantil*: fundamentos e métodos. São Paulo: Cortez, 2002.

32 Paraná. Conselho Estadual de Educação. *Deliberação n. 1, de 10 de fevereiro de 2006*. Disponível em: <http://www.diaadia.pr.gov.br/deb/arquivos/File/legislacao/deliberacao_01_06_ens_rel.pdf>. Acesso em: 25 nov. 2008.

33 Paraná. Secretaria de Estado da Educação. *Diretrizes Curriculares de Ensino Religioso para o Ensino Fundamental*. Curitiba, PR, 2007. Disponível em: <http://www.diaadiaeducacao.pr.gov.br/portals/portal/diretrizes/pdf/t_ensreligioso.pdf>. Acesso em: 25 nov. 2008.

34 Passos, J. D. Ensino religioso: mediações epistemológicas e finalidades pedagógicas. In: Sena, L. (Org.). *Ensino religioso e formação docente*: ciências da religião e ensino religioso em diálogo. São Paulo: Paulinas, 2006.

35 Piletti, N.; Piletti, C. *História da educação*. São Paulo: Ática, 1990.

36 Pimenta, S. G.; Ghendin, E. (Org.). *Professor reflexivo no Brasil*: gênese e crítica de um conceito. São Paulo: Cortez, 2000.

37 Reale, A. M. O desenvolvimento de um modelo construtivo-colaborativo de formação continuada centrado na escola: relato de uma experiência. *Cadernos Cedes*, Campinas, n. 36, p. 65-76, 1995.

38 Rodrigues, A; Esteves, M. A *análise de necessidades na formação de professores*. Porto: Porto Ed., 1993.

39 Rosa, M. *Psicologia evolutiva*: problemática do desenvolvimento. Petrópolis, RJ: Vozes, 1985.

40 Sánchez Vázquez, A. *Ética*. Rio de Janeiro: Civilização Brasileira, 1983.

41 Santos, S. F. *Perfil do professor de ensino religioso da educação infantil e dos anos iniciais do ensino fundamental na escola confessional católica*. Curitiba, 2007. 74 f. Dissertação (Mestrado em Educação) – Pontifícia Universidade Católica do Paraná,

Curitiba, 2007. Disponível em: <http://www.biblioteca.pucpr.br/tede/tde_busca/arquivo.php?codArquivo=824>. Acesso em: 24 nov. 2008.

42 TARDIF, M. *Saberes docentes e formação profissional*. Petrópolis, RJ: Vozes, 2006.

43 VASCONCELLOS, C. S. *Planejamento*: projeto de ensino-aprendizagem e projeto político-pedagógico. São Paulo: Libertad, 2000.

44 ZEICHNER, K. M. A *formação reflexiva de professores*: ideias e práticas. Lisboa: Educa, 1993.

Bibliografia comentada

Junqueira, S. R. A.; Meneghetti, R. G. K.; Waschowicz, L. A. *Ensino religioso e sua relação pedagógica*. Petrópolis, RJ: Vozes, 2002. (Coleção Subsídios Pedagógicos).

O livro indicado está dividido em três partes. O primeiro capítulo traz um estudo do Prof. Sérgio Junqueira que aborda conceitos como ensino, aprendizagem e componente curricular, *situando o Ensino Religioso nesse contexto. No segundo capítulo, a Profª Rosa Meneghetti aborda a importância da construção do projeto político-pedagógico nas escolas, enfatizando seu caráter democrático e participativo. O terceiro capítulo, de autoria da Profª Lilian Waschowicz, aborda a questão da avaliação da aprendizagem no Ensino Religioso.*

Oleniki, M. L. R.; Daldegan, V. M. *Encantar: uma prática pedagógica do ensino religioso*. Petrópolis, RJ: Vozes, 2003.

O Ensino Religioso é visto, nessa obra, como área de conhecimento e sugere que o professor que atua nessa área, no exercício de sua prática pedagógica, conduza o aluno a interagir com o conhecimento religioso para que este possa abordar com transparência as diferenças e, a partir dessas, construir novos significados.

Oliveira, L. B. et al. *Ensino religioso no ensino fundamental*. São Paulo: Cortez, 2007.

Esse livro apresenta o Ensino Religioso como um dos componentes curriculares e parte integrante do ensino fundamental, que contribui na formação integral do cidadão em processo de escolarização. Traz uma proposta de Ensino Religioso em conformidade com a atual LDBEN nº 9.394/1996, em seu art. 33, revisado pela Lei nº 9.475/1997.

Respostas das atividades

Capítulo 1

Atividades de Autoavaliação

1. C
2. C
3. A
4. B
5. B

Atividades de Aprendizagem

Questões para Reflexão

1. Resposta de cunho pessoal.
2. Espera-se que seja abordada nessa questão a importância da avaliação no acompanhamento e registro do desenvolvimento da criança na educação infantil.

Capítulo 2

Atividades de Autoavaliação

1. D
2. C
3. A
4. B
5. C

Atividades de Aprendizagem

Questões para Reflexão

1. Espera-se que o professor de Ensino Religioso perceba que, para a adequada seleção dos conteúdos e das estratégias metodológicas e avaliativas, é fundamental conhecer o processo de desenvolvimento do aluno em cada nível de ensino. Justifica-se, dessa forma, refletir sobre essa questão.
2. Resposta de cunho pessoal.

Capítulo 3

Atividades de Autoavaliação

1. B
2. A
3. D
4. C
5. C

Atividades de Aprendizagem

Questões para Reflexão

1. Resposta de cunho pessoal.
2. Ao propor a construção de um texto, espera-se que sejam articuladas as principais ideias sobre o respeito à diversidade cultural e religiosa presente em nossa sociedade, negando-se o proselitismo.

Capítulo 4

Atividades de Autoavaliação

1. C
2. B
3. B
4. A
5. C

Atividades de Aprendizagem

Questões para Reflexão

1. Os princípios metodológicos citados por Kramer têm sua importância na medida em que colaboram para uma prática pedagógica que integre o aluno.
2. Resposta de cunho pessoal.

Capítulo 5

Atividades de Autoavaliação

1. A
2. C
3. C
4. B
5. D

Atividades de Aprendizagem

Questões para Reflexão

1. O Ensino Religioso nos anos iniciais do ensino fundamental propõe-se a oferecer subsídios para que os conhecimentos religiosos da criança sejam ampliados.
2. Resposta de cunho pessoal.

Capítulo 6

Atividades de Autoavaliação

1. B
2. C
3. D
4. B
5. A

Atividades de Aprendizagem

Questões para Reflexão

1. Espera-se que as competências técnicas do professor sejam relacionadas ao domínio da *episteme* do Ensino Religioso.
2. O papel do professor de Ensino Religioso é a proposta desse capítulo. Escrever sobre o respeito à liberdade e à consciência de cada um é o desafio desse tema.

Sobre a autora

Silvana Fortaleza dos Santos é graduada em Pedagogia (1989), especialista em Didática do Ensino Superior (1991) e mestre em Educação (2007) pela Pontifícia Universidade Católica do Paraná – PUCPR. Atuou como professora nos anos iniciais do ensino fundamental na rede particular de educação de Curitiba e como pedagoga na rede estadual de educação do Paraná. Atualmente, é professora de Didática e História da Educação no curso de Graduação em Pedagogia na Faneesp/Inesul e membro do Grupo de Pesquisa Educação e Religião (GPER).

Impressão: BSSCARD
Julho/2013